어느 생, 어느 모퉁이에서

어느 생, 어느 모퉁이에서
•
인쇄일·2025. 9. 15.
발행일·2025. 9. 20.

지은이 | 정임옥
펴낸이 | 이형식
펴낸곳 | 도서출판 문학관
등록일자 | 1988. 1. 11
등록번호 | 제10-184호
주소 | 04091 서울시 마포구 토정로 214 1층
전화 | (02)718-6810, (02)717-0840
팩스 | (02)706-2225
E-mail | mhkbook@hanmail.net

copyright ⓒ 정임옥 2025
copyright ⓒ munhakkwan. Inc, 2025 Printed in Korea

값·15,000원

ISBN 978-89-7077-674-3   03810

이 책의 저작권은 저자와 도서출판 문학관이 소유합니다.
한국 내에서 보호를 받는 저작물이므로 무단 전재와 무단 복제를 금합니다.
※ 파본은 바꿔드립니다.

어느 생, 어느 모퉁이에서

정임옥 시집

문학관books

| 차 례 |

• 제1부

철쭉 … 11
매미 … 12
내 속엔 불길뿐이어서 … 13
꽃의 몸을 빌려 입다 … 15
혀 … 17
흔적없이 사라지는 것들 … 19
장마 … 21
너무 오래 울다 … 23
독한 숨 … 25
물들다 … 27
정육점에서 … 29
아주 특별한 힘 … 31
딸국질을 하다 … 33
청춘 … 35
수세미 … 37

• 제2부

마음에도 길이 날까 … 41
스물두 살에는 … 43
혼자 하는 사랑 … 45
상실의 꽃 … 46
내 안에 그리움이란 짐승이 산다 … 49
석류에게 … 51
얼룩 … 53
섣달그믐 같은 사랑 … 55
빈 벽이 되어 … 57
구월이 오면 … 59
소풍 … 61
뼈는 … 63
아욱국을 끓이며 … 65
떨어진 심장 … 67
생에 대한 폭식 … 69
무늬는 무늬를 모른다 … 72
마흔 … 74
권태의 마른 살갗을 벗기며 … 76
독거미 … 78
빈손 … 80

• 제3부

삼생의 슬픔 … 85
여름밤 … 86
살구를 고르다 말고 … 88
생각 … 90
찔레꽃 1 … 92
찔레꽃 2 … 94
찔레꽃 3 … 96
대관령에서 … 98
파국 … 100
그냥 비나 맞으면서 … 102
고추잠자리 … 104
옛집 앞 … 105
마흔일곱에는 … 107
죽음 … 109
겨울, 밤나무숲을 거닐다 … 110
날 울린 시 … 112
국립현대미술관에서 … 115
시간이란 보따리 … 117
부석사에서 … 119
요양원 … 121

• 제4부

코끼리관광 … 125
밥알 주으며 … 127
문의마을에서 … 128
세한도 … 130
딸아, 나도 엄마가 보고 싶다 … 131
인생은 취생몽사 … 133
예쁘 … 135
산다는 것 1 … 137
산다는 것 2 … 139
산다는 것 3 … 141
실업의 나날 … 144
화석을 보고 온 날 저녁 … 146
아제르바이잔, 그 불의 땅처럼 … 148
단물 … 150
커피는 나올 생각을 않는다 … 151
괜찮다 … 153
너와 난 다르다 … 155
감자밭을 지나다 … 157
곡 … 159
삼포에서 … 160

• 제5부

이사 … 165
변기의 물을 내리며 … 167
꽃의 절정 … 169
목욕탕에서 … 171
천국 … 172
멸치 … 174
상주해수욕장 … 176
독설 … 177
늦가을 … 178
말 … 180
찻물을 끓이며 … 182
분당선 … 184
동백마을에서 … 186
그해 여름 … 188

시인의 말 … 189

• 1부

그동안 나 너무 오래 울었다.
이젠 웃자.

철쭉

산이 몸을 틀자
툭툭 뱃살이 터진다
골짜기마다
핏덩이를 받아내느라 바쁘다

근처 바다가
소식을 듣고
미역을 부쳤다

수하물을 찾으러
화물터미널로 가면서
바람도 툭툭
뱃살이 터진다

매미

새벽부터 매미가 운다
매미 소리에 붙들려 아무것도 못 하고
아침을 보냈다
한낮이 되자 더욱 그악스럽게 울었다
이생에서 마지막 떼를 쓰는 거라 생각했다
그리 믿어주기로 했다
그렇지 않으면 밤이 되고
새벽이 다시 와도
환청처럼 내게서 떠나지 않을 것이다
젊은 날의 그 사람 같았다

내 속엔 불길뿐이어서

대설大雪의 아침 무덤에서 소리가 들려왔다
주검에도 위계가 있는지 떼를 먼저 입힌 무덤에선
아무 소리도 들려오지 않았다
심심할 것 같아 두 귀를 얹어놓고 일어서는데
어느새 내 안으로 들어온 풀이며 나무 열매가
다시 귀가 되고 있었다

지도에도 없는 길을 찾아가는 늙은 청설모
그들이 내는 길을 따라가다 보면
두렵고도 환한 곳에 이를 수 있으리라
밥 뜸 들이는 냄새가
산등성이를 밀고 올라왔을 때
비탈에 선 나무들이 일제히 몸을 눕히자
무덤은 한동안 잠들지 못했다

몇 겁을 산지도 모를 어미새가

똥을 누고 지나가는
평생을 불어온 바람이 어딘지도 모를 곳으로
다시 등 돌려 달아나는 무덤가에 앉아
팥배나무의 가슴이 저리 붉은 건
폐허의 기억들만 간직했기 때문일 거라며
서둘러 산을 내려온다

겨울산은 가도 가도 눈길뿐이라
산이 먼저 길을 잃는다
내 속엔 불길뿐이어서
나는 아직도 그 길에 휩싸이는가

꽃의 몸을 빌려 입다

자세 바꿀 때마다
호흡 거칠어지는 여울목이
물고기 뼛속을 그림자처럼 돌아다니는 오후
물 밖에선 나무가 중심을 잡느라
몸에서 가장 먼 쪽의 가지부터 부러뜨리고
왜 잘려 나가야 하는지 생각지 않으려는 듯
가지는 더 깊은 곳으로 잠수해 들어간다
비로소 단절의 의미를 알았지만
물속을 향해 종주먹만 들이댈 뿐 말이 없다

축축한 땅을 끌어올리며
새 한 마리 허공을 향해 날아오르자
침묵을 지키던 나뭇가지도 덩달아 날아올랐다
이제 침묵을 지키는 건 나뿐이다
폐허인 내 쪽에서 보면
허공도 한낱 조막만한 것을

새가 날아간 허공에 점점이 떨어진 온기
밤이 되자 다시 깃털 세웠다
새의 몸에선 자꾸 물이 솟는데
내 몸에선 물소리조차 들려오지 않았다
겹겹이 껴입었던 내복을 뒤집어도
좀처럼 그 소린 들려오지 않았다

삼월 싸락눈에
산수유가 언 꽃을 토한다
네가 나를 지나간 자리마다
물오르던 봄날은 간다
나, 다시 한번 꽃의 몸을 빌려 입고 싶다
누가 나를 꽃으로 알고 꺾을 때까지만,
그때까지만

혀

몇 해 전 겨울
길 떠나는 혀를 본 적 있다
밤새 골머리를 앓았는지
아침이 오자 신발 끈도 매지 않은 채였다
제대로 살고 싶었고 사람답게 살고 싶었으나
제대로 사람답게 산다는 게 어려워
도망치듯 길 떠나는 혀를
커피를 사서 돌아오는 길에 보았다
그 즈음 눈만 뜨면 밖으로 나갔다
집안엔 커피향이 진동했지만
집 밖의 커피라야만 잠에서 깨어나던 때였다
길모퉁이를 막 돌아서는데
신발 끈을 매려 잠시 멈춰선 혀가
날 향해 무어라 중얼거리는 그 짧은 시간 동안
한 세대가 속절없이 지나갔다
사랑은 덧없더라 하는 것 같았고

돈 버는 게 고단하더라 하소연하는 것도 같았다
그러다 가끔 자신을 향해 혀를 끌끌 차기도 했다
길모퉁이를 다 돌아섰을 땐
더 이상 어떤 말도 들려오지 않았다
텅 빈 골목에 겨울바람만 쌩쌩 소릴 내며 지나갔다
아무리 핏대 세워 울부짖어도 남은 세월은 상처고
추억 또한 흉기가 되리란 걸
혀도 이미 알고 있었다는 듯

흔적 없이 사라지는 것들

어제는 종일 바람 불고 눈 내렸다
바람은 얌전한 것이 아니어서 허공을 마구 찔러댔고
눈은 충분한 것이 아니어서 땅에 닿기도 전에 사라졌다
마구 찔러대고 흔적없이 사라지는 것들엔
대체 어떤 마음이 깃들어 있는 걸까

내가 너를 처음 알아본 마음엔
전갈의 사나움이 들어 있어
네 마음에 가닿기도 전에 독부터 장전했다
너를 만나러 가는 발걸음은 꽃길만 걸은 기억뿐이어서
널 위해 피 흘리는 가시밭길은 걸을 수 없었다
이별 노래 즐겨 부르던 내 입술은
애처로움에 길들여져 네 귀를 즐겁게 해줄
사랑 노래 따윈 부를 줄 몰랐다

내 귀로 들려오던 것은

온통 꽃의 부름뿐이어서
여리고 순박한 것들의 속삭임뿐이어서
꽃이 아니면 그 어떤 소리도 듣지 못하는
귀머거리가 되고만 걸까
날 부르는 네 소리
들리지 않고

장마

날 잊은 적 없단 네 말 믿을 수 없다
줄곧 생각했다는 말도 믿을 수 없다
누군가를 끊임없이 생각하기란 실로 어렵다

어머니는 다리가 아프다 했다가 늘 그런 건 아니라고 하셨다
어떤 게 진짜일까 궁금해하지 않았다
생전에 몸 상태를 알기에 넘겨짚었을 뿐이다
어쩌면 끊임없이 어머니를 괴롭힌 건 아픈 다리가 아니라
어디에도 둘 곳 없던 마음이었을지도 모르는데
그 마음 헤아리기가 왜 그리 어려웠을까
썩으면 반 줌도 못 될 다리 걱정은 했으면서
썩지 않을 마음 걱정은 못 했구나
마음이 허전해 그러시냐고
단 한 번이라도 물어보았더라면
지금 이리 뼈에 사무치진 않을 텐데

어머닐 따라가지 못한 허전한 마음이
빗물로 들이치는 칠월의 추운 밤
얼마나 많은 밤을 흘려보내야 내 마음이 아프지 않을 건지
얼마나 많은 날을 쏟아지는 비 피해 처마 밑으로 뛰어들어야
어머니 마음이 달래질 건지 달래지기는 할 것인지
기어서라도 기어이 그 비 다 피하면
그때 내 눈물은 말라 더 이상 흐르지 않을 건지

올해처럼 칠월 장마 계속되면
구멍이란 구멍은 죄다 빗물로 채워져
형체도 남지 않을 텐데
입 막고 귀 막고 눈까지 막아버리면
그땐 나보고 어찌 살라고 어떻게 살아가라고

어쩌다 내 생각 해놓고 줄곧 그리웠노라고
예전에 다 잊어놓고 이젠 잊을 거라고
누군가를 송두리째 잊는 것도 실로 어렵다

너무 오래 울다

그동안 나 너무 오래 울었다
어린아이가 장난감을 빼앗기면
그 자리에 주저앉아 온종일 울 듯
닫힌 문 앞에 서서
문 열어달라고 여긴 너무 춥다고
습관처럼 그 문 두드리고 있었던 건 아닌지

나 너무 오래
너무 길게 울고 있는 건 아닌지
울음 끝이 길면 못 쓴다고
어머니 늘 말씀하셨는데
아직도 닫힌 문 앞에 서서
어서 문 열라고 안 열면 쳐들어가겠다고
협박했다가 사정했다가

내 스스로 잠근 줄 모르고

내 스스로 빗장 채운 줄도 모르고
천지사방 열린 문 수두룩한데
닫힌 그 문 앞에 서서

독한 숨

빈방에 홀로 앉아 숨을 마신다
술을 마실 줄 모르니 독한 숨만 벌컥벌컥 들이킨다
남들이 화가 나거나 일이 안 풀려 포장마차에서 술을 마실 때
나는 빈방에 홀로 앉아 독한 숨을 마신다
평생 독한 술을 마셔본 적 없으니
독한 말도 하지 말아야 하는데
입만 열면 독한 말이 술술 나온다
어떤 말을 해야 상대가 더 질식할까
고민하느라 밤을 샌 적도 있다
독한 숨을 마셔 그런지 독한 말 할 때 가장 살맛 났다
이 맛에 다들 술, 술 하는 거겠지

헤어진 지 삼십사 년 만에 첫사랑한테서 전화가 왔다
첫마디가 어떻게 살았냐고 묻는다
어찌 대답할까 생각에 잠긴다
영화에나 나올법한 근사한 대사 듣자고

삼십사 년 만에 용기를 낸 건 아닐 텐데
나는 자꾸 구태의연한 대사만 읊어대고 있었다
그간의 삶이 결코 구태의연했던 것도 아니면서
그러다 깨달았다 열일곱 살 첫사랑 앞에선
어떤 삶도 구태의연할 수밖에 없다는 것을
세월 아무리 흘렀어도 그 사실엔
변화 없으리란 걸 인정하자 독한 숨이 더 당겼다

긴 침묵 흐른 뒤 우리가 살면 얼마나 산다고
더 늙어 못 알아보기 전에 얼굴이나 한번 보자던 그의 말이
무심하게 들린 건 순전히 맨정신 탓일 게다
이럴 때 남들은 술을 찾을 테지만
나는 모질어 독한 말만 들입다 쏟아붓는다
얼마나 더 살아야 순해질까

물들다

노란 은행잎이 후두둑 지고 있었다
너는 말이 없었다
불당리에 가을을 불러온 게 너였을까
그 가을을 물들인 게 나였을까
물든다는 말 너무 좋아
막무가내로 네게로 물들어가던 때 있었지
물들었다는 말 너무 좋아
이젠 늙어도 여한 없을 것 같던 때 있었지

강을 버린 건 나였다
가을이 정점으로 치닫던 날
징검다리에 앉아 눈이 시리도록 강물을 쏘아보다
물의 문을 박차고 들어가
버들치 몸에 사정없이 인두를 들이댄 건 나였다
화인火印을 새긴다는 건
화인이 새겨졌다는 건

내가 나로 살지 못 한다는 거
버들치가 버들치로 살지 못 한다는 말
물의 문을 박차고 나왔지만
강은 예전의 강이 아니었고
우리도 예전의 우리는 아니었다
버들치로 가늠해보던 물속이 마냥 좋았다
물 밖이 이리 추운 줄 미리 알았더라면
물속만큼 따뜻한 곳이 없다는 걸 진작 알았더라면
함부로 인두를 휘두르진 않았을 텐데
버들치는 버들치로
난 나로 살았을 것을

이제 와 생각하니
나만 강을 버린 게 아니었다
강도 나를 버렸다
그때 우린 서로의 깊이를 알려 하지 않았다
물비린내 따위로 언성 높일 필요까진 없었는데
이제 그 강엔 아무도 살지 않는다
한때 나를 미치게 했던 물속 세상은 없다
그를 기다리느라 엎드려 보낸 여울목도 없다
폐기처분 해야 할 아가미만 성가시게 남았다

정육점에서

추억 따윈 개한테나 줘버리라고
아무리 머리칼 쥐어뜯어도
기억은 기어이 굳게 닫힌 빗장을 연다
그러니 우리가 어느 생, 어느 모퉁이에서
어떻게 만났고 또 어떻게 헤어졌는지
그때 우리가 내뿜던 육즙의 빛깔이 어떠했는지
굳이 말로 설명해야 하는 걸까

늙어버린 인연은 인연도 아니라고
인연도 때가 있다고
늙은 소가 젊은 소를 향해 소리친다
넌 알까, 그게 뭔지?

그래도 한때는 말간 눈으로
널 바라보기도 했었는데
네 몸에 난 길을 향해

스스럼없이 걸어가기도 했었는데

— 아저씨, 여기 아롱사태 두 근 주세요.

형체도 알아볼 수 없게 뭉크러진 선홍빛 살점이
정육점 탁자 위에 아무렇게나 놓여 있다
그걸 바라보는데 늑골 깊은 곳으로부터
알 수 없는 통증이 올라왔다
넌 아니, 이게 뭔지?

아주 특별한 힘

달의 모서리를 밟으며
가는 길 끝에 네가 있다
내 눈은 너 말고는 아무것도 보지 못 한다
연기 한가운데 있어도 나는 네가 보인다
연기처럼 매운 무언가가 있기에
네 앞에만 서면 눈물이 나는 걸까
내가 눈물 흘리는 이유는 무얼까
내 눈을 맵게 하는
네 진짜 속마음은 어떤 것일까
누군가를 울릴 수 있는
아주 특별한 힘을 가진 너
연기처럼 내게는 없고 너에게만 있는
특별한 그 무엇은 무엇일까
그 무엇이 없어
내 앞에서 너는 늘 웃기만 하는 거니
나도 때론 세상 모두를 울리고 싶은데

너 하나만이라도
세상 떠나가도록 울려보고 싶은데
네 앞에만 서면 우는 내게
이젠 나도 지쳤다

딸꾹질을 하다

꿈마다 비가 내렸다
비 맞는 꿈에서 깨어나
마른걸레 같은 하루를 시작하는 게
얼마나 맥 빠지는 일인지 눈알 뻑뻑한 일인지
나는 날 잘 몰랐고
당신은 당신을 모른 죄 크다
같은 하늘 아래 숨 쉬는 우리가 몰랐던 건
사실이 아니란 걸 알려주기 위해 꿈마다 비가 내렸을까
빗물이 천지를 쓸어 가버리고 나면
그제야 편히 잠들 수 있을 거라 생각했던 것일까
가만히 누워 들숨 날숨 바꿔 쉬는 게 뭐 그리 힘들다고
밤마다 잠이 잠 못 이루나
불면증 앓는 잠이 잠 이야기 나누는
깊은 밤을 걸어와 맞는 아침은
거미줄에 걸린 것 같다

종일 딸꾹질이 멈추질 않았다
꿈에서 듣던 빗소리보다 딸꾹질 소리가 더 컸던 하루
문밖에서 아이들 웃음소리 들려왔다
아이들은 영원히 그곳에 있을 것 같았고
더 이상 자라지도 않을 것 같았다
지난 생에선 생판 몰랐던 이들이
안면 튼 지 몇 시간 되지 않아
곱창집에 둘러앉아 구절양장 같은 곱창 곱씹을 때
슬그머니 외투를 걸치고 밖으로 나왔다
밤안개가 길을 막고
밤새 울음소리 줄기차게 들려왔다
아침에 우는 새는 배가 고파 울고요오―
저녁에 우는 새는 님 그리워 운대요오―
어머닌 이 대목에 이르면 번번이 리듬을 붙이셨다
어머니 노랫가락에 맞춰
멈췄던 딸꾹질이 다시 나왔다
딸꾹질을 하며 딸꾹질 같았던 오늘을 삼킨다
침샘이 말라 아프다
저절로 멈추지 않는 건 그대로 두자
억지로 멈춰 아름다운 것 별반 없었으니

청춘

충혈된 두 눈만 먼동을 응시할 뿐
저녁이 오기도 전에 새벽이 먼저 왔다
봄만 되면 견디는 것 말고 할 게 없어
죽은 듯 가만히 엎드려 있었는데
엎드림에도 자격이 필요한지
더는 엎드릴 수 없게 되었다

사는 게 귀찮다 했더니 봄도 그 소릴 들었는지
아무리 두 눈 크게 뜨고 두 귀 활짝 열어도
예전처럼 반갑게 대하지 않아
어쩌면 좋으냐고 봄에게 묻는다
청명淸明 같던 봄꽃 곡우穀雨에 죄다 흘러내리고 나면
그제야 선심 쓰듯 봄이 내게 대답해 주었다
어둠이 사라져가는 그 새벽이나 얌전히 앉아서 지켜보라고
이슬처럼 내려앉을 그 새벽의 뒷덜미나
가만히 쓰다듬어 주라고

그러다 가끔 네 집 앞마당 퉁퉁 부은 나무들
발이나 꺼내 살며시 주물러 주라고
인생이 그런 것 말고 무얼 더 할 수가 있더냐고

나무의 선한 눈빛을 하고
더러는 벙어리장갑 낀
우스꽝스런 눈사람의 모습으로라도 좋으니
다시 내게로 와주었으면
비루먹은 듯 비실거리다가도
함박눈 내리면 천지 분간 못 하고 기뻐 날뛰는 개떼처럼
그렇게 한 번만 더
당신이 내게로 와주었으면

수세미

낮은 곳으로 향하려
시렁 아래 매달린 날부터
나는 날마다 조금씩 여물어 갔다
매듭을 짓듯 섬유질을 짓고 나니
순하기만 하던 손도 억세졌다

단풍 속으로
몸을 숨기던 가을산이
졸참나무 잎새를 따라 샘으로 내려온다
그 샘가에 앉아
새똥을 집어내고
바람기를 건져 올리다가
문득 사는 게 거기서 거기 같아
내 안의 얼룩 먼저 꺼내 닦는다

내친김에 걸어서 더러워진

바람의 발도 씻겨주고
울음으로 붉거진
새의 부리도 닦아주면서
잎새가 가야 할 길은 남겨 두었다

• 2부

다시는 마흔으로 돌아갈 수 없겠지…

마음에도 길이 날까

밤낮으로 길을 찾아다녔다
막다른 길에서 모난 길로
모난 길에서 깨진 길로 이어지던 날들 피하려
반듯한 길로 들어서면
상처 입은 길이 일제히 일어나 덤벼들었지
그 길에서 토악질처럼 피어나던 패랭이꽃의 살내 맡으려
잠들었던 구들방마저 다시 길 나서면
목구멍에서부터 비릿한 냄새 풍기며 몰려오던 먹구름
그런 날이면 길 아닌 길이 길 같지도 않은 길이
종일 빗방울 되어 내렸다
언제쯤 내 마음에도 반듯한 길 하나 날까
수만 개로 내리꽂히던 마음이
진흙탕 속에서 길을 물었다

언제나 가고 싶은 길을 갔던 건 아니다
더러는 가고 싶지 않은 길도 갔다

길처럼 누워 길이 아닐 거라곤 추호도 의심치 않았기에
맘 놓고 걸어갔던 그 길이 내 길이 아니라며
두 손 휘휘 내젓던 날은
종일 마음이 흘러내리고 있었다
난 단지 내 앞에 놓인 길을 걸어갔을 뿐인데
그 길이 찬비에 젖고 있었다

스물두 살에는

오른팔에 혹을 발견하고
내가 살던 도시에서 가장 유명하다는 병원을 찾았다
한동네 살아 안면 있던 병원장은 지방이 뭉친 것인데
그래도 혹시 모르니 이참에 제거해버리자고 했다
무덥던 그해 여름 마취에서 깨어나는데
이제 막 나이팅게일 된 여고 때 단짝이
주사 놓은 엉덩이를 세게 문질러주고 있었다
그걸 멀거니 바라보는데 그런 생각이 들었다
산다는 건 어느 날 갑자기 외과 병동에 눕게 되는 것이라고

침상에 누워 바라다본 밖은
종일 장대비 퍼붓고 있었다
그걸 또 멀거니 바라보는데 그런 생각이 들었다
산다는 건 멀쩡하던 팔에 어느 날 갑자기 혹이 생겨났듯
멀쩡하던 하늘에서 장대비가 퍼붓기도 한다는 것을
그러나 언젠간 비 그치듯 혹도 사라져

아무 일 없었다는 듯
다시 집으로 돌아가는 것이라고
아주 단순하게만 생각한 스물두 살이 있었다

혼자 하는 사랑

평생을 그리워하는 이 있다
그런데 누구에게도
그 사람에 대해 얘길 해본 적 없다
그래서일까 세월 흐를수록 더욱 깊어만 갔다
그런데도 여전히 밝힐 수 없어
혼자 애태우다 눈물 훔치는 날 많았다
혼자 하는 사랑을 이젠 정말 끝내고 싶은데
외로워 더는 못하겠는데
도무지 어떻게 끝내야 할지 모르겠다
아무도 내게 방법을 가르쳐 주지 않는다
평생 이렇게 애만 태우다 가라는 거냐고
하늘에 삿대질도 해보지만 소용없다
하긴 마땅한 방법을 모르니
하늘도 지금껏 내게 침묵하는 것이겠지
오늘도 수화기만 들었다 놓는다
여...보...세...유...
어머니 목소리 저만치로 사라진다

상실의 꽃

내게 허용되지 않은 것
전생 어느 모퉁이엔가 버려두고 온 것들
그래놓고 일정 기간이 되면 다시 찾던
진실로 내 것 아닌 원래부터 내 것 아니었던
그것들 붙잡으러
지난 생을 다 흘려버리고도
여전히 정신 못 차리는
이번 생도 어서 탕진하고 싶어 안달 날 때
꽃은 피어난다

텅 빈 가슴에
빼곡히 들어찬 꽃의 언어 감당할 수 없어
욕설처럼 뱉어 놓은 까만 씨앗이
정제된 슬픔 되어
어떤 슬픔과도 더는 섞이지 못할 때
무한대로 늙어가던

꽃은 피어난다

내 목덜미 스쳐간 바람
결핍되어 더 이상 스칠 것도 없는데
어디 빠뜨린 결핍 없나 찾고 있는 바람이
스스로도 지겨워질 때
꽃은 피어난다

한때 무진장 그리워했으나
결코 타락한 먼지는 아니었던
텅 비어 깊이를 가늠할 수 없었지만
그렇다고 아예 몰랐던 것도 아닌
가끔 짐승 울음소리 들려오는 날이면
말줄임표처럼 말을 아꼈던
지난持難한 내 그리움이 깨어나는 소릴 들으며
꽃은 피어난다

상실의 꽃
권태의 꽃에서
이제 그만 눈 돌리려는 나를
꽃이 먼저 감지하고 초상初喪 치르는

슬프도록 아름다운 간절기 같은 이생에도
지랄맞게 꽃은 또 피어난다

내 안에 그리움이란 짐승이 산다

네가 나를 스치기 전엔
비 한 방울 내리지 않더니
스치고 간 밤 폭우가 쏟아졌다
바람도 거세게 몰아쳤다
비는 바람을 바람은 비를 어떻게 불러오는 걸까
서로를 알아보는 힘은 대체 어디서 온 걸까
내일은 낙엽 지고 눈 펄펄 내릴 것이다
그때 낙엽은 또 무슨 힘으로 눈을 불러올까
그들 사이에 내가 모르는 법칙이 있어
서로를 당겼다 풀었다 하는 걸까

너와 나 사이도 그처럼
밀고 당김이 자유롭다면 얼마나 좋을까
바람이 비를 찾아오듯 낙엽이 눈을 데려오듯
네가 날 한 번이라도 예의 갖춰 불러주었더라면
네 앞에서 순한 양 됐을 텐데

내 청력은 참으로 요상해
마음 가는 것엔 한없이 너그럽다가도
그게 아니면 십 리 밖 낙엽 지는 소리도 거슬린다

만약에 네가 날
한 번이라도 숙녀로 대해주었더라면
네 부름에 그리 쉽게 응하지 않았을 것을
심장 깊숙이 박힌 총알도
피 흘리지 않고 단박에 도려낸 적 있으니
단칼에 널 끊어냈을 텐데
눈에는 눈 이에는 이로 잘못 배운 탓에
무뢰한처럼 무턱대고 들이닥쳐
벌집 헤집듯 헤집어 놓는 널
어떻게든 이겨보겠다고
네 목소리 비슷한 게 멀리서 들려오면
아직도 이렇게 총알처럼 튕겨 나가니

네가 날 부르지 않을 그날은 올까
그때 넌 정말 거기 없을까

석류에게

나는 생각한다
상처가 스승이었던 그때를
삶은 살아가는 게 아니라
살아내는 것이란 걸 가르쳐주고 떠난 너를
그 여름 내내 입 열지 않는 너를 보며
무수히 내뱉었던 말들을
어디에도 주워 담을 수 없어 괴로웠다
입만 열면 독화살로 날아오르는 말의 세상에서
침묵을 지키기 위해
얼마나 많은 인내의 시간을 다졌을까
얼마나 많은 질시의 눈으로 세상을 보았을까
삶은 때로 침묵해야 한다는 걸
때때로 쓰라린 이별도
홀로 견뎌야 한다는 걸 알려주려고
그 여름 내내 침묵하던 석류여
너로 인해 견딜 수 없음의 견딤을 배웠고

이길 수 없는 고통도 이겼다
삶을 살아냄으로써
진정 삶이 되는 길도 터득했다
그 여름 내내 입 열지 않는 너를 보며

얼룩

얼룩에서 스며 나온 빛이 눈부시다
제 맘 다스리지 못해
가지마다 벌겋게 얼룩이 든 저 배롱나무 좀 봐
그 얼룩으로 더욱 빛난다는 걸 나무는 모르지
내 안의 얼룩이 일제히 일어나 불 밝히는 새벽 네 시
내게 부림을 당하면서도
조금도 우울해하지 않는 내 안의 얼룩들 좀 봐
그 얼룩으로 조금씩 완성되어 간다는 걸
나는 영영 모를 테지

빗물로 얼룩진 옷소매를 닦는다
검붉은 얼룩 하나
단추 사이에 끼어 영 지워지지 않는다
몇 해 동안 걸어두었던 옷에서
나프탈렌 냄새마저 나지 않게 되었을 때
문득 사라진 냄새가 그리웠다

냄새를 피해 달아날 때마다 마주쳤던 검은 고무신
그 고무신에도 길이 있다는 걸
발가락이 꿈꾸고 있었다는 걸 알지 못했다
소매에 묻은 얼룩을 아직 다 헤아리지도 못했는데
아침이 온다

섣달그믐 같은 사랑

어둠이 다른 어둠의 문턱을 넘어간다
더 깊은 어둠 쪽으로 몸을 눕히는 순간이 오면
더는 구원의 손길 내밀지 않는다
있는 힘 다해 버티던 어둠이
다른 어둠을 향해 기꺼이 걸어가는 그때를
섣달그믐이라 한다
빛 쪽으론 한 발자국도 내디딜 수 없어
어둠에 가장 익숙한 때

지나간 사랑이
먼저 간 사랑을 덮어씌우고
지금 하는 사랑이 새로운 사랑에 기꺼이 업힐 때
섣달그믐 같은 사랑이었다고 말한다
어둠에 가려 빛나던 때를 기억할 수 없다지만
굳이 기억하고 싶지 않다지만
그것도 어둠 바깥에 있을 때나 가능한 법

어둠 안에선 어둠조차 쉬 식별할 수 없으니

그대를 어둠 속에 홀로 두고
빛으로 떠나오던 그날처럼
그믐만 남겨놓고 섣달 혼자 빛이 된
오늘은 정월 초하루
머잖아 섣달그믐 같은 사랑이
또다시 시작될 것이다

빈 벽이 되어

이사 온 첫날 종일 벽을 바라보았다
벽도 나를 물끄러미 바라다보았다
도화지처럼 희고 깨끗한 벽을 바라보다
정말로 벽이 된 날부터 스스로 망치가 되어
큰 못 작은 못 하다못해 중간 못까지 내 몸에 빼곡히 박았다
벽이라고 빈 채로 두면 벽에 대한 예의가 아니지
껍데기뿐인 자신을 벽도 결코 사랑할 수 없을 거라며
빈 곳이 보이지 않을 때까지
주렁주렁 인생을 못질했다
가장 소중했던 날엔 특별히 대못까지 쳐가며
그 옆으로 화려했던 날이 걸리고
슬프고 행복했던 날도 하나둘씩 걸리기 시작했다
그러던 어느 날
더 이상 비어 있는 곳을 찾을 수 없게 되었을 때
헛되이 살지 않겠다던 젊은 날의 맹세 하나가 떠올랐다
무얼 맹세했었는지조차 모를 만큼 희미해졌지만

그래도 한때는 목숨보다 소중했을
푸르렀던 옛 맹세를 떠올리며
다시 흰 도화지처럼
깨끗한 벽이길 소망하게 되었다

구월이 오면

구월이 오면
헐거워진 날 고쳐봐야지
닦고 조이고 기름칠해
반짝반짝 빛나게 만들어봐야지
그럼 무얼 그리워하는지도 모르면서
평생을 그리워한 내 몹쓸 그리움의 실체를
알아낼 수 있지 않을까

함박눈 내릴 때마다
무턱대고 뛰쳐나가 눈사람을 만들었지만
다음 날이면 이내 녹던
그 눈사람처럼은 되고 싶지 않아
살면서 한 번이면 족한 사람이 있고
주야장천 만나고 싶은 사람이 있기 마련
그런 내게 당신은
꼭 한 번만 만나면 되는 사람이었다

한데 왜 그토록 열광했을까
만나보니 별 거 없던데
참 별 거 아니던데
그런데도 기꺼이 살게 해주고
사는 것처럼 살게 해주고
그것만으론 모자라 사랑한단 말도 수없이 해준
착한 당신을 누가 기억할까
난 이미 잊었는데 그것도 아주 오래전에
성큼성큼 잊어버렸는데

소풍

시인이 되었을 때
아버지가 가장 기뻐하셨으나
첫 시집을 내기도 전 먼 길 떠나셨다
더불어 시에 대한 열정이 사라졌다
이듬해 시집을 들고 아버지를 찾았다
그렇게 아버지를 따라간 시는
다시 돌아오지 않았다

나비잠 자듯 세월이 낭창낭창 흘러갔다

그러던 어느 날
다시 시를 쓰는 날 발견했다
아버지 떠난 지 십삼 년만이었고
어머니를 잃은 직후였다
뿌리를 모두 잃자 삶이 무력했다
살기 위해 살아가기 위해

버팀목이 절실할 때 아이들 생각이 났다
부모가 뿌리였다면 아이들에겐 꽃이 되자
기왕이면 더러움 쉽게 용납하지 않고
그에 물들지 않는 연꽃이 되자

그런 다음 햇살 서늘하고
그늘 맑은
어느 적당한 때 봐서
홀연히 저 세상으로 사라지려면
오늘도 소풍 나온 듯 보내야 한다

뼈는

부슬부슬 내리던 비가 부엌문을 밀치자
멀쩡하던 사기그릇에 이가 빠졌다
사골국의 기름을 걷어내려 하자
뼈가 숟가락 사이를 빠져나간다
솥 바닥에 엎드려 하얗게 달궈지는 동안
뼈는 늘 치밀어 오르는 것이 있었다
그것이 솥뚜껑마저 벌겋게 달궈 놓았다
귀퉁이 떨어져나간 사기그릇이야
부엌문 밖으로 내던지면 그만이지만
솥 바닥에 엎드려
생각마다 숭숭 구멍이 뚫리는 일이란

어느 날 부엌문 틈으로
먼지가 슬그머니 발을 디밀었다
먼지에 채일 때마다
우는 것은 언제나 내가 아니라 먼지다

이제 나는 아픔을 느낄 수조차 없게 되었다
아궁이 불 위에 올려져
하얗게 달궈질 일밖에 없는 나를
구멍 숭숭 뚫릴 일밖에 없는 나를
먼지가 툭 치고 지나갔다 내가 쓰러졌다
먼지보다 못한 내가 거기 그렇게 쓰러져 있었다

아궁이 불이 길을 내려는지
오금이 저려온다
오늘 밤에도 미친바람은 불어올 것이다
나를 쓰러뜨리고 간 먼지가
변사체로 발견되었을 때
개미들이 개미 떼처럼 달려들었단다
강기슭에 있다는 그의 무덤을 찾아간 아침
부슬부슬 가을비가 내리고 있었다
먼지보다 못한 내가 그를 밟고 지나간다
아무 일도 일어나지 않았다

아욱국을 끓이며

이른 새벽
지하 주차장으로 향한다
수많은 차 속에서 내 차를 찾아 황급히 시동 건다
새벽이라 어떤 소음보다 무겁다
어머니는 지금쯤 마당을 어슬렁거리실 것이다
어두운 두 눈과 이미 듣는 기능을 상실한
두 귀를 쫑긋 세우고
대문 밖만 예의 주시하실 것이다
나는 이제야 시동을 거는데
시동 한 번 거는데
오십 년이 훌쩍 지나가 버렸는데
어머니는 단 하루도 날 기다리지 않은 적 없다는 걸
이 새벽이 되어서야 비로소 깨닫는다

젊은 날 형제들 모두 타지로 떠나고
어머니와 둘이서 그 큰 집을 지킬 때

우동 한 그릇으로 허기진 배를 채우고
다 저녁때가 되어 학교에서 돌아오면
어머니는 곰삭은 된장에 아욱을 바락바락 치대
맛난 아욱국을 끓여 주셨다
밖이 한없이 뜨거워도
어머니가 끓여주신 아욱국만 못했던
스무 살 그 여름은

떨어진 심장

길을 걷다

떨어진 심장을 보았다

발길에 이리저리 채이고 있었다

내 심장 같아

몸을 한껏 구부렸으나 줍지는 못했다

흙이 묻은 채 팔딱거리는 심장을

가만히 내려다보고 서 있었다

나는 왜 자꾸 심장을 떨어뜨리는 걸까

혹 당신을 사랑한다던 내 맘도

이처럼 보잘 것 없었던 건 아닌지

생에 대한 폭식

내 안에 거대한 창고 하나 있어
지금껏 먹어 치운 슬픔은 모두 그리로 가 쌓였다
밤낮 가리지 않고 먹어 치운 게
맛없는 슬픔이었다는 걸 너무 늦게 알았다
때때로 날 기절시켜 놓고
경기驚氣 일으키면 안 된다고 윽박지른 게
맛없는 슬픔이었다니
잠시 미각을 잃은 줄 알았는데
맛없는 슬픔이
날 숙주로 여겼다는 것도 너무 늦게 알았다
진작 알았더라면 생에 대한 폭식만은 피했을 텐데

하여 그토록 많은 비 내렸구나
사시사철 장대비 퍼부었던 거로구나
내리고 내려도 슬픔이 줄어들지 않자
어느 날 낯선 여행자가 하룻밤 묵길 청해왔다

아무것도 가질 수 없는 사람이었다
내가 사는 세상에 그가 첫발을 들여놓자
사시사철 퍼붓던 장대비가 일순간에 멈추었다

우연을 가장한 인연은 늘 그렇게 온다는 듯

하여 이제 내가 사는 세상엔
일 년 내내 뜨거운 햇볕만 내려쬔다
손차양을 만들지 않으면
문밖으로 한 발짝도 나갈 수 없을 만큼
햇볕을 오래 들여다보고 있으면
아무것도 보이지 않는 순간이 반드시 온다

지속되는 강렬함은 그 어디에도 없다는 듯

당분간 찌는 듯한 목마름이
계속될 거라는 일기예보를 접했을 때
아직도 이 세상에 날 붙들어 앉힐
극진한 그 무언가가 남아 있을까 생각했다
슬픔이 걷히면 행복인 줄 알았는데
슬픔은 슬픔

행복은 행복
제각기 다른 얼굴이었다
어느 한쪽만으론 생이 결코 아름다울 수 없다는 걸
너무 늦게 알았다

무늬는 무늬를 모른다

무늬는 제 몸의 무늬를 가릴 줄 모른다
부끄러운 줄도 모른다
내일은 옷감을 끊어와 한복을 만들 것이다
참 이상도 하지
의류학을 전공한 딸에게 한복을 만들어 입힐 거라니
한 번도 만들어본 적 없는 내가
아니 만들 줄도 모르는 내가
그 옛날 어머니 흉내를 내고 있었다

- 너 대학 가면 한복 입혀 보낼 거다.

어머닌 자주 노랠 부르셨다
정말로 한복을 입고 학교에 가게 될까봐
툴툴대면서도 대놓고 싫다 하진 못했다
그러나 정작 대학을 졸업할 때까지
어머닌 한복 얘길 다시 꺼내지 않으셨다

참 이상도 하지
사 년 내내 내가 얼마나 가슴 조마조마했는데
그러다 어머니 나이가 돼서야 깨달았다
막내딸에게 한복을 입혀
학교에 보내겠다던 어머니 말씀은
젊음을 한 번도 화려하게 보내지 못한
당신의 허름한 생 한 귀퉁이를
아주 잠깐 펼쳐 보였던 것이란 걸

마흔

마흔은 온통 미혹투성이었지
삶은 늘 긴장의 연속이었어
비운 뒤엔 그만큼 채워야 한다는 강박으로
서슬 푸르던 광기의 날들
삼십팔 도를 웃도는 고열에 시달리면서까지
나를 규정지으려 했던 열망들은
대체 어디에서 비롯된 것이었을까

터널의 이쪽에서 지나온 길을 돌아본다
고집과 욕망으로 울퉁불퉁해진 길 위에서
또 다른 길을 묻던 날들
산란기 연어처럼
나는 세월의 강을 거슬러 오를 줄은 몰랐지만
봄이면 채송화 몇 포기 심고
여름이면 채송화보다 낮게 엎드렸다
그 사이로 비는 내리고

바람은 불고 나뭇잎 더러 벌레 먹고
또 더러는 못내 무성해지기도 하면서
그러나 더는 물들지 못하고
제 안에다 잎을 떨구던 나무들

내려가라고 소리치는
절벽도 아닌 것에 일생 붙들려
상수리나무 키를 반쯤 줄여 놓고
서둘러 집에 와 보리차를 한 냄비 끓이게 하고
그러고는 연기처럼 사라졌다

권태의 마른 살갗을 벗기며

심장이 곤두박질 쳤다
머리칼이 사방으로 흩날렸다
풀벌레가 풀숲길을 잃었을 때처럼
새가 하늘길을 잃었을 때처럼

그날
숨에서 몇 번째로 미끄러진 것일까
태어나기 전부터 잃어버렸던
다섯 살 이후론 더 자주 잃어버렸던
그러다 어설프게 생각나 감각으로 찾아왔던
그 길 놓치지 않으려 꽉 움켜진
저 풀의 손아귀를 보아라

비가 오면
빗방울로 내려꽂히니 아프고
바람 불면 바람처럼 떠돌지 못해 갑갑하다

눈 내리면 그처럼 순결할 수 없으니 허망하고
꽃이 피면 꽃으로 살지 못해 슬프다
권태의 마른 살갗을 벗기며 살아온 날이
먼지에 불과하구나

독거미

비 내리는 날
처마 끝을 올려다보다
우연히 네 집을 엿보게 되었다
생명선을 뽑아내는 고통의 순간을
내 눈은 오래도록 따라가고 있었지

어린 날 불청객으로 네 집에 간 적 있다
친구들과 숨바꼭질을 할 때였다
다락방으로 숨어든 순간
미처 계단 꼭대기에 닿기도 전에
내 머리는 네 집 대들보를 들이받았지
코끼리에게 밟힌 듯
한순간에 뭉개지던 너의 집
모든 걸 빼앗긴 너는
미쳐 날뛰는 것만으론 부족했는지
분노에 찬 발길질을 수없이 내게 퍼부었다

그런 널 난 애써 외면했고
외면한 날 넌 평생 따라다녔다

네게 씻을 수 없는 죄지었으니
중한 벌 받아 마땅하다
그런데 내 죄 어찌 그때뿐이었겠는가
내게로 날아오던 분노의 발길질
어디 그 순간뿐이었겠는가
셀 수 없이 많았을 텐데
지금은 하나도 기억이 나지 않는다
이런 내가 너보다 더 독하고 무섭지 않느냐

빈손

빈손이 될 줄도 알아야 한다
계속 움켜쥐다 보면
정말로 내려놓아야 할 때를 모른다고
어머니 종종 말씀하셨다

배롱나무꽃 지는 저녁이면
세상도 함께 져버릴 것 같아
젊은 날 참 많이도 울었더랬다
배롱나무 가까이 가면
금방이라도 꽃 되어
향기를 낼 거라 착각하는 내게
내려놓을 줄 알아야 더 큰 걸 얻는다고
더 많은 걸 얻게 된다고
조근조근 말씀하시던
어머니 떠나고 일 년이 흘렀다

내 안의 욕심의 양 모를까
어머닌 그때 얼마나 애가 타셨을까
욕심의 때 벗을 줄 모르는 날 보며
지금은 또 얼마나 애가 타실까

오늘 저녁에도
배롱나무꽃이 소리 없이 진다
바람에 참 속절없다
꽃그늘 엷어질수록
잎사귀 무성해질수록
꽃 같던 어머니의 그 말씀 그립다
꽃처럼 떨어져 간 어머니 더욱 그립다

• 3부

찔레꽃 흐드러지게 피어나던 그 봄 내내

삼생의 슬픔

얼음 속에 박혀서도 얼음의 냉정함은 몰랐고
불꽃처럼 타오르면서도 정작 불꽃으론 살지 못한 전생과

꿈꾸기 전 꿈조차도 꿈을 배반해 바삐 져버린
어느 무더웠던 여름날의 함박꽃처럼
내게 금지된 것만 꽃 피우려
마른 대궁에 물뿌리개 들이대는 현생과

골짜기를 흐르면서
바닷가 모래알을 쓰다듬는 거라 우기고
기암절벽에 부딪히면서도
아우토반 위를 달린다는 착각으로 살게 될
내생까지 모조리

여름밤

나를 붙들고 있는 건 하나같이 서럽다
엉겅퀴 구절초 칡꽃 라일락 등꽃 수국 도라지꽃
나를 멈추게 하는 것엔 애잔함이 묻어있다
찔레꽃 철 지난 코스모스 짓밟힌 맨드라미
하다못해 담벼락에 붙어 핀 키 작은 해바라기
떨어져 나뒹구는 감꽃까지도

전생부터 날 붙들고 멈추게 하는 것들엔
슬픔이 장전돼 있어
홍수처럼 넘쳐나는 슬픔의 골짜기 하나 건너면
또 다른 골짜기로 끝도 없이 이어지던 날들
눈 마주치면 서러움부터 쏟아내
정신 못 차리게 하는 이곳에서
나는 무엇을 지키려 이리 애쓰며 사는 걸까
무엇이 날 구원해 주길 바라며
오늘도 성장盛裝하고 현관문을 나서는 걸까

이곳에서 마주칠 아름다움은 더는 없는데
이미 다 봐버린 생인데

소나기 끝에 맡아지던 흙냄새
붉게 타는 분홍빛 노을
어느 시골 밥 짓는 저녁연기
개양귀비 홀로 지는 쓸쓸한 곳이지만
그래도 이곳에서 좀 더 살아보지 않겠느냐고
끝없이 날 유혹하는 여름밤

살구를 고르다 말고

어릴 적 살던 집 앞마당엔
늙은 살구나무 한 그루가 있었다
황매화와 사철나무 사이에 어정쩡한 모습으로 서서
봄마다 올챙이 같은 살구를
몸 밖으로 살포시 내보내곤 했다
미처 살구의 향을 품지 못해 풋살구라 불리던 것들이
바람 불 때마다 가뭇없이 떨어져 내렸다
가끔 무슨 생각이 드는지
나뒹굴던 살구들이 옹기종기 모여 앉아
방금 떨어져 나온 그곳을 한참씩 올려다보았다

아마도 내 나이 예닐곱 살이었을 것이다
살구나무 아래서 소꿉놀이를 하다
떨어진 풋살구와 두 눈이 마주쳤을 때
금방이라도 내게로 주먹을 날릴 것만 같던
어떤 날은 가까스로 참아왔던 울음보가 터져

금방이라도 새로 산 치맛단을 적셔버릴 것만 같던
그때의 그 풋살구가 떠올라
마트에서 잘 익은 살구를 골라 담다 말고
도로 바구니를 내려놓았다

생각

오늘은 뭐 하지,

무심코 던진 한마디에

피뢰침 맞은 듯

머리카락이 쭈뼛 섰다

가만있자

생각이 멈춘 곳에서

생각은 다시 시작되어야 한다

그런데

오늘은 정말이지

아무 생각도 나지 않는다

생각도

가끔은

쉼이 필요할 터

찔레꽃 1

라일락이 보랏빛 손목을 긋고
자목련 가슴에 비수 단단히 꽂히는 것 모두
나무가 사랑을 하기 때문이다
올봄 나는 어떤 꽃의 비명을 가장 먼저 듣게 될까
뒷산 나무 대열에서 일찌감치 떨어져 나와
몇 해 전부터 내 집에 눌러사는 찔레나무
처음엔 분명 한 그루였는데
지금은 울타리 가득 뒤덮어
누구도 이 나무를 통과하지 않고는
내 집에 들어올 수 없다
어쩌다 이 나무의 눈에 잘못 드는 날이면
허공 한 줌도 움켜쥘 수 없다

울타리 안엔 내가 있고
밖엔 세상이 산다
안과 밖은 통하는 법인데

시간이 흘러도 경계가 허물어지지 않자
내 몸에서 꽃이 피기 시작했다
그런 내게로 새 한 마리 날아와
찔레, 찔레 노랠 불렀다
해마다 꽃은 피고 새는 날아왔지만
같은 꽃
같은 새는 아니었다

찔레꽃 2

자나 깨나

여린 숨골 노리는 너 때문에

온몸에 가시 덕지덕지 발라도

내 생은 왜 늘 이리도 혼곤한 것인가

까짓 인생 뭐 있다고 아무래도 좋아,

넋두리하다가도

한때 칠흑 같던 내 속이 크리스마스 앞둔

아파트 정문의 알전구처럼

환하게 빛나기도 했으니,

위로하다가도

막다른 세월 어귀에

구부정하게 눌러앉은 고목 같은 널 보면

울화가 치밀어

검붉던 피 다 빠져 흰꽃 되었고

단단하던 등뼈 부서져 잔가시 되었어도

그래도 좋다면

우리 함께 흘러가 보자고

태어나 처음으로 기도란 걸 올리다가

소스라치게 놀라 눈을 떴다

태생적으로 난 기도가 어울리지 않았다

찔레꽃 3

아버지는 찔레꽃을 좋아하셨다
오랫동안 그 꽃을 모르고 지나쳤다
이 꽃이 그 꽃이란 걸 처음 안 날
아버지가 생각났다
찔레꽃 붉게 피는, 으로 시작되는 트로트를
열 살 이전부터 따라 불렀다
찔레꽃과 함께 산 세월이었다

찔레꽃이 붉은 줄 알고 자라는 동안은
아버지 손마디가 굵어지는 것도 몰랐다
더 이상 붉지 않다는 걸 알았지만
어영부영하는 사이 아버진 떠나셨고
찔레꽃 붉게 피는, 으로 시작되는 트로트를
나는 점점 부르지 않게 되었다

오늘처럼 비 주룩주룩 내리는 날이면

비 맞고 서 있을 찔레꽃이 그리워
아니 아버지가 그리워
찔레꽃 붉게 피는, 으로 시작되는 트로트를 부른다
아버진 없고 찔레꽃이 곁에서 흐느낀다
눈물 같은 빗물이다

대관령에서

폭설이 내린다
길이 보이지 않는다
진실이 통하지 않아 막막하던 날처럼
길은 간 데 없고 눈송이만 세차게 날린다
너는 간 데 없고 그림자만 남아
휴게소문을 덜컹 거린다
자국이 나지 않는 눈길에 앉아
등짐을 지고 올라오는 사람들을 내려다본다
간장肝腸이 끓어올라 간장독을 비우던 날
의사는 열심히 엑스레이 필름을 설명했으나
귀에 들어오는 한 마디는
매사에 조심하라는 것이었다
나는 조심해서 될 세상이 아니라며
세상을 등지고 여기로 왔는데
어둠은 무엇 하러
세상과 섞이려 내려가는 걸까

스스로 눈송이가 되어
너를 찾아 나선 밤
끊어졌던 길이 다리가 되어
너를 붙든다

파국

어머니 이른 새벽부터 파 다듬으시네요
자식들 배 곯지 말라고
매운 눈 비비며 다듬고 다듬어
솥 안에 넣고 팔팔 끓이시네요
솥 안에선 파가 자지러지고
솥 밖에선 어머니 가슴이 무너져요
난 아직 어려
파국 끓이는 어머니 심정을 이해 못 해요
하고많은 것 중에서 하필이면 파국이냐고
투정이나 부릴 줄 알지요

세월 흘러 아이 둘을 낳았지만
아직 파국은 한 번도 끓여보지 않았어요
그런데 얼마 전 한때 잘 나갔던 댄스 여가수가
예능프로그램에 나와 파국을 끓이대요
성의 없이 가마솥에 통째로 넣고 몇 시간을 푹푹 고대요

마치 사골 우려내듯
그걸 바라보며 다들 의아해하는 거예요
이래서 파국이 되겠냐고
이래도 파국은 되는 거냐고
나도 텔레비전에서 눈을 떼지 못했지요
그래서도 파국은 된다고
그러니까 파국破局이라고

개중엔 이미
파국破局을 경험한 이도 몇 있었지요
파국破局이 뭔지 알거나
아직 파국破局으로 치달아보지 않은 이들이
삼삼오오 둘러앉아 맛있게 파국을 먹어요
어떤 형태로든
더는 파국破局으로 치닫지 않으려

그냥 비나 맞으면서

상수리나무 우듬지로
종일 나뭇가지를 물어 나르던 새가
오던 길을 잃고 울음을 터뜨립니다
숲에서 길을 잃지 않으려고 그게 싸리나무 잎이든
이제 갓 눈망울 굴리는 어린 굴참나무 잎이든
손닿는 대로 뿌려두어도
되돌아 나올 때면 언제나 길을 잃었습니다
그런 날이면 숲에서 가장 오래된 나무에 기대어
새소리를 흉내 냅니다
내 소리 알아듣고
당신이 오실지도 모른다고 생각하는 동안은
길을 잃은 것마저도 행복이었습니다
지금도 종종 숲으로 달려가지만
그때처럼 길을 잃지는 않습니다
어떤 날은 일부러 길을 잃고
숲이 떠나가도록 울어 봅니다

이생에서 만날 수 없는 당신을
그리는 일이 너무도 힘들어
당신이 다녔던 길 위에 집 한 채를 지었습니다
비가 오면 나를 찾아오는 당신의 발이 젖을까 염려되어
땅이 다 마를 때까지 불을 피웁니다
그러다 연기가 당신의 눈을 맵게 할까 염려되어
이제 그만 꺼지라고 손사래를 칩니다
그 바람에 우리들의 보금자리가 날아갈까봐
이제는 이러지도 저러지도 못하고
그냥 비나 맞으면서 서 있습니다

고추잠자리

봉숭아 물들이는
열 손가락 주위를
한동안 어리대던 고추잠자리
혼자서 가을을 찾아가는 건
아무래도 무리였나
오늘 아침
봉숭아 잎에서
잠자리 지문을 발견했다

옛집 앞

옛집 앞을 지나간다
아무 생각도 하지 않으려는데
아무 생각이나 막 떠오른다
마당 한가운데
늙은 감나무 한 그루 아직도 있다
그때나 지금이나 똑같을 텐데
내 눈엔 벌 받고 서 있는 듯하다
까닭 없이 시름에 잠길 때마다
올려다보던 감나무에서
아버지 총총히 걸어 나오신다
제 몸의 열기 주체 못해
작은 바람에도 맥 놓던 땡감
수북이 주워든 아버지 오던 길 접었다
나도 그 자리에 멈춰 섰다
설익은 감 주워
어쩔 줄 몰라 하시던 아버지

용케 날 알아보신다

어린 날
감꽃이 졌다고
속절없이 다 져버렸다고
서럽게 울던 내게
감꽃 목걸이 대신 설익은 감을
주렁주렁 엮어 목에 걸어주시던
감꽃 목걸이 닮은 아버지가
날 향해 함박웃음 지으셨다
감꽃이 함박꽃처럼 환해지던 순간이다
근데 그 아버지 지금 어디 계신가
아무 생각도 하지 않으려 하면
아무 생각이나 막 떠오르고
큰맘 먹고 생각 좀 하려 하면
도무지 아무 생각도 떠오르지 않는다

마흔일곱에는

개점 한 시간 기다려
어둠으로 장식된 그곳을
햇살로 가장해 무던히도 드나들었다
가끔 서비스로 주어지던 치즈 케익과 초콜릿
그러나 그보다 더 반가웠던 건
마주 앉은 사람도
살아가야 할 이유도 아닌
그 집 특유의 아라비카향이었지

그림 한 점 없이도
매캐한 담배 연기와 섬뜩한 언어조차
모두 그림이 되어 걸리던 곳
상처투성이 가슴에서
어렵사리 끌어올린 낡은 언어로
죽어가는 모든 영혼에 스타카토를 찍을 때면
숨죽이고 훔쳐보던 창밖의 노을

그 서럽도록 고혹한 빛이라니

이생에서
살아있는 마지막 고흐 만나러
나 자주 그곳 들락거렸다
찔레꽃 흐드러지게 피어나던
그 봄 내내

죽음

종일 목련꽃 그늘에 앉아 있었다
꽃에 눈이 부셨다
오늘은 집배원이 다녀가지 않는다
내게로 오는 편지가 없나보다
날마다 편지를 보내왔는데
오늘은 받질 못했다
집배원이 쉬는 날인가
세상에 일이 생겼나
종일 대문 밖을 기웃거린다
내게로 오는 편지가
길을 잃는 날이
하루씩 이틀씩 늘어나면서
세상과의 인연도 끊어지는 것이겠지
그러다 어느 날 내가 먼저
그 끈을
툭,
놓아버리는 거겠지

겨울, 밤나무숲을 거닐다

지난 여름
하루 종일 밤나무숲을 거닐었다
햇빛을 낚던 밤나무가 낚시질에 흥미를 잃을 때쯤
밤꽃 숭어리 숭어리 땅 위로 떨어졌다
사타구니 열어 사향내 풍기던 밤나무에
길 가던 여자들 부끄러운 줄도 모르고 달려들었다
조용하던 숲에서 꽃들의 전쟁은 시작되고
전쟁 피해 숲 밖으로 나서는데
한 남자가 걸어왔다

지금은 겨울
눈 하얗게 내리는 밤
상처 입은 노루 한 마리
밤나무 숲 근처를 서성인다
나무는 보이지 않고
사향내 풍기던 꽃도 사라졌지만

이 나이가 되면 없던 길도 보이는 거라며
눈 속에 묻힌 길을 털고 있는 그대여
머잖아 봄 오고 잎 더욱 푸르러
꽃들의 전쟁이 다시 시작되어도
방패가 되어줄 그 한 사람이 있어
겨울, 밤나무 숲에서도
더는 길을 잃지 않는다

날 울린 시

어머니 떠나시고
일주일이 지난 어느 날
유품 속에 있었다며
건네받은 노트 속

"아이들이 왔다 가면
마음이 왜 이리 허전한가
차가 떠나면
내 눈에는
먼 산
안개가 더 부옇게 보인다
기쁜 마음으로 웃어보자
꽃 피는 봄이 온다"

앞뒤로 찢겨나간 흔적 역력한데
일천구백 구십삼 년 일월이란

날짜 밑에 용케 살아남은 시 한 편

종일 일이 손에 잡히지 않았다

그때 어머니 나이 쉰아홉

지금의 내 나이

그러고도 이십여 년 동안

내색 한 번 하지 않으셨다

시가 뭔지도 모르고

시를 쓰고 계셨던 어머니

시가 뭔지 알 것도 같은데

시를 쓰지 않고 살아가는 내게

질책 아닌 행동으로 보여주신 어머니

젊지도 늙었다고도 할 수 없어

오도가도 못할 때

느닷없이 의식을 강타한 한 편의 시

오도가도 못 할 나이란 없다

오도가도 못하는 마음만 있을 뿐

한 번이라도 그 속내 훤히 비추셨더라면

세상 둘도 없는 친구가 되었을 텐데

허전했던 어머니 일생이

몇 줄에 다 들어있는 듯해

또다시 오도가도 못하는 밤

두 번 다시 내게 오지 않을 기회여

국립현대미술관에서

찌는 듯한 더위 피해
잠시 들어선 국립현대미술관
나방이 되어야 입장할 수 있다는 매표원의 말에
서슴지 않고 소지품을 맡겼다
주민등록증과 여름용 흰 샌들이
내가 여기를 통과해 갔다는 증표가 되리라
한기가 느껴지는 그 안으로
첫발을 내딛는 순간 잠이 쏟아졌다
눈을 떴을 땐 이미 나방이 되어 있었다
관람객이 벗어놓은 몸피로 어지럽혀진 입구 지나
제1전시실로 들어서자
두 평 남짓한 어둠 속에서조차
제 눈을 찌르며 빙빙 돌던 나방들
빛을 탐하는 순간
나방으로서의 삶은 끝이라기에
안간힘 다해 안으로 안으로만 날아들었다

잡균처럼 들끓던 내 안의 환멸
끝내 저 문밖으로 밀쳐내지 못하리란 걸
전시된 그림들은 이미 알고 있었다는 듯
종일 침묵으로 일관했고
멸균된 시간만 정체성을 찾아 바삐 드나들던
그해 여름 국립현대미술관에서

시간이란 보따리

꽃 대신 마디 짓는 대나무처럼
내 몸에도 마디 하나 지으려 하네
당신은 아름다운 추억을 남겨주지 못했으니
내가 날 위해 추억을 만드는 밤
온통 뼈마디가 아프네
곧은 뼈 골라
가지런히 맞추는 일이란 게 그렇다네
비와 바람이 지나다닐 곳을 비워두고 탑을 쌓아야
천년이 가도 멀쩡한 법이거늘
굽은 뼈 죄다 가려내고 곧게만 맞추는 게
비록 전생부터 해온 일이지만 그게
다시 이생의 업業이 된 사람이라면 오죽하겠는가

젊은 날엔 몰랐네
산다는 게 이리 벅찬 것이란 걸
피 철철 흘려서라도 기어이 걸어갈 가치 있다는 것을

손가락 하나 까닥하지 않고도 숨 한 번 고르지 않고도
하물며 누군가를 끝까지 사랑하지 않아도 된다는 것을
상처받지 않고 피는 꽃도
상처 주지 않고 어른이 되는 사람도 있다는 것을
개똥밭에 굴러도 저승보다 이승이 낫다는 말
그땐 정말 몰랐네
죽도록 아프면서도 여기까지 오리라고는
생이 날 이리 오래 끌어안아 주리라고는
누구도 몰랐을 것이네
하다못해 내게 여러 번 죽임당한
죽임당할 때마다 더 강하게 살아나던 당신까지도
그렇지만 난 또 내가 가진 걸
함부로 풀어헤치지도 못할 것이라네
비밀이라며 한사코 친친 동여맨 것이
실은 내가 풀어야 할 시간이란 보따리기에

부석사에서

꽃피워 억겁을
돌려받는 사과밭으로
양산을 받쳐 쓰고 걸어 들어간다
나는 언제 이 삶을 보시하고
저 꽃으로 돌아 나올까

당간지주에 밟히는 꽃 주위로
온갖 벌 나비 모여 든다
밟혀서 아름다운 건 꽃뿐이라는 듯
사과꽃을 능멸하는 소백산 자락
어느 환장할 그리움이 꽃으로 피었는가
피었다 또 지는가

저 꽃에는 없고
이 꽃에만 있는 나를
부석浮石이 소맷자락 끌어 앉힌다

사과나무를 어루만지던 구름
산 아래로 흘러가고
사과나무와 살 섞는 절 마당에
그대 닮은 딸 하나 낳아두고
이제 그만 날아올라야겠네
저 뜬 돌 속으로

요양원

우리나라 방방곳곳 산기슭마다 빈 곳 있던가
나는 한 군데도 보질 못했다
늙음을 담보로 젊은 죽음이 빼곡한 곳
죽음조차 죽음을 입에 올리지 않고
산 자마저 삶을 인정하지 않아
들락거리는 이들끼리
죽음도 추모하고 삶도 인정하는 곳
있는 힘 다해 살았다는 걸 망각한 회한과
회한이 서로 눈인사를 주고받을 때
새로운 날이 의미 없는 날을 자꾸 불러오는
지켜볼수록 마른기침만 나오는 곳
젊어 틈틈이 요양했더라면
지금 여기 누워 있지 않아도 됐을 것을

어머니 보고 싶어
비 오는 날 요양원으로 향한다

살아 마지막 호사 누리는 곳이 여기라면 얼마나 좋을까
꽃 피고 새 우는 곳이 여기라면 얼마나 좋을까
어머니 만나러 가는 발걸음이
스무 살 그때처럼 가벼울 텐데
이곳에 눕기 전엔 아무도 모른다
이곳이 혼자 수양하고 혼자 견디는 곳이란 걸

햇볕 쨍쨍한 날이면 어머니 더욱 그립다
벌떡 일어나 내게로 오실 것 같아
자꾸 현관문으로 눈이 간다
행여 초인종 소리 듣지 못할까
열린 귀 더 활짝 열어둔다
어머닌 언제쯤 그 수양 다 마치고
그 견딤 다 견뎌내고
내게로 오시려나

• 4부

산다는 건 이 세상으로 잠시 소풍 나온 것

코끼리관광

코끼리관광을 떠났어요
모처럼 잡은 날이 하필이면 복날이지 뭐예요
거친 시멘트 바닥에 앉아 땀 뻘뻘 흘리며
코끼리 쇼를 보고 있었는데
그때까지도 몰랐어요 그런데 나만 몰랐을까요
다리 넷을 가졌지만 그런 건 안중에 없고
손 없는 코끼리라 불쌍하게 바라보던 눈빛들
코로 그림 그리고 음식 먹는다 하여 코끼리라 불리는
뭐든 코로 한다고 무시하지 말아요 손 있는 당신들보다
훨씬 더 빈틈없고 정교하니까요, 라고 울부짖는 듯해
자꾸 내 손 부끄럽게 만들던

무리 중 종일 수묵화만 그린다는
늙은 코끼리를 바라보는 내내 조급증이 일었어요
총천연색 마다하고 한 가지 색만 고집하는
고집불통의 그 맘 알 것도 같았으니까요

젊은 날 사랑한다 같이 살자던 그 사람 생각이 났어요
지금 이 순간에도 어디선가 묵묵히 제 길 가고 있을 그대여
다리 힘 빠지고 흰머리 드문드문 나고서야
그대 생각한다고 나무라지 마셔요
서러워하지도 말아요
우린 인연이 아니었던 것을

낯선 나라 외진 곳에서
생전 처음 코끼리 등짝에 올라탔듯
종잡을 수 없는 세월의 등에 쇠파리처럼 달라붙어
남은 마지막 길 저승 가는 그 길이나
우리 잃어버리지 말아요
뭐니 뭐니해도 관광 중에 그게 젤로 복되다네요
물론 복날 이역만리 코끼리관광과는
비교도 안 될 만큼 힘들겠지만요

밥알 주우며

위내시경을 마치고 돌아와
밥을 먹는데
밥알이 용솟음 쳤다
천지사방 흩어지는
밥알 주우며
사는 건
하루 세끼 챙기듯
때를 잘 맞추는 일이라고

문의마을에서*

  그대를 만나고 돌아오는 길 붉은 노을이 나를 앞질러 갑니다 좁은 골목을 지나 나무 대문 안으로 들어간 노을이 채송화잎에 고단한 몸을 뉘었습니다 채송화 잎에선 붉은 노을이 아니었습니다 먹물 잔뜩 머금은 화선지였습니다 물에 닿으면 금방이라도 검은 물을 뚝뚝 풀어놓을 것만 같은 화선지 고은 결을 따라가고 있었습니다

  서로가 서로를 삭히느라 바쁜 일상이 적나라하게 드러난 수장된 문의마을에 이르자 노을이 화선지 밖으로 나와 물에 잠긴 마을을 저벅저벅 걸어다녔습니다 노을이 이끄는 대로 걷다 보니 어느새 그대 집 앞까지 왔습니다 나무 대문이 삐걱 소릴 내며 열리는 동안 채송화가 고은 자태를 거둬버렸습니다

  눈 깜짝할 새 꽃은 사라지고 꽃 진 자리마다 핏빛 노을만 처연합니다 수장된 마을에 나를 또 수장시켜 놓고 채송화잎 닮은 그대는 어디 갔나요 이 물길을 어찌 돌아 나가야 할지 나는 도통

모르겠어요

* 충북에 있는 수장된 마을

세한도

남도 어느 외진 곳
하늘을 버리고 땅으로 가지 드리우고 자라는
소나무 한 그루를 보고 온 날
꿈에 그 나무가 보였습니다
지척이 아니어서 아득했던
당신이 아니어서 서러웠던 날에
방점으로 박혀 그날 같은 오늘이었으면
무던히도 바랐던 그 사람 떠난 자리에 홀로 서서
태어나 처음으로 사랑한다고 중얼거렸습니다
한 번도 해보지 못한 말이어서
어눌하고 어색했지만 그럼 어떻습니까
가뜩이나 무거운 생
이제 더는 당신을 떠메고 살지 않아도 된다는데야
그물처럼 내 안에 가두지 않아도 된다는데야

딸아, 나도 엄마가 보고 싶다

친정엄마 오시던 날
밖에서 놀던 네 살배기 딸이
현관문을 걷어차며 소리쳤다
- 니네 엄마 온다아.
숨이 넘어갈 듯한 딸의 목소리 뒤로 나타난 엄만
돌아가실 때까지 딸을 놀렸다
서른이 코앞이던 딸은
그때까지도 빙그레 웃어 넘겼다

종교도 없는 내가
기저귀도 안 뗀 널 선교원에 보냈지
내 시간 좀 갖겠다고
유치원 다닐 땐
알량한 지식 쌓겠다며 밖으로 나돌다
어쩌다 한두 번 늦었을 뿐인데
엄마 그때 나 데리러 오는 거 자주 까먹었었지, 라고 해

참 어이없게 만들기도 했지

지난여름 엄마 누워 계신 산길을 오르는데
모기떼를 휘저으며 뒤따르던 딸이
― 니네 엄마 보고 싶지?
나 슬프지 말라고
제 딴에는 미리 약을 좀 치려던 것인데
주저앉아 울음을 터뜨렸다
앞서가던 남편이 영문을 몰라 우두커니 서 있다
― 모기에 쏜 데가 너무 아파.
엄마 보고 싶은 걸
꾹 참고 살아가는 내가 안쓰러워
딸이 모처럼 마련해준 자리에서 소리내 울었다

인생은 취생몽사

반듯한 길 버리고 에돌아 이름 없는 항구에 와서 묻습니다
내 안의 어둡고 침침한 것 여태 반듯한 길이라고 믿었던 것들
한순간에 길을 잃고 뒤뚱거리는 겨울 눈 내린 이 포구의 아침
처럼
사는 게 난감한 날이면 자율신경도 기능을 잃어버리는 거냐고

벌써 몇 달째 나를 괴롭히는 귀의 먹먹함이여!
이 어지럼증으로라면 미혹에 아니 흔들린다는 불혹에도 흔들
리고야 말리라
사는 데 몰두했다 울증이 치고 올라오는 날이면 무작정 차를
몰았다
종횡무진으로 치닫던 감정 한순간에 터져버리면
절망으로 가득 찼던 심장이 환희로 바뀌었다

한때 젊음이 영원한 줄 알았다
영원한 게 아니란 걸 알고는 마음보다 몸이 먼저 스산했다

아무것도 모르면서 조증으로 달떴던 그때가 그립다
통제가 되지 않았던 게 아니라
그냥 내버려 두고 살기로 작정했던 그때가
이제 내 안에는 능구렁이만 사는지
도저히 그때처럼 단순할 수 없다

눈 내린 포구에 점점이 내려앉는 새의 날갯짓처럼
심신을 너울대는 조증과 울증 달래다
인생은 취생몽사醉生夢死라던 말에 비로소 보이지 않던 게 보였다
요즘 나의 하루가 취중에 살다 꿈속에서 죽는 격이므로
취할 게 많던 젊은 날은 가고
차茶향에 취해 지루한 일상을 꿈꾸듯 산다
사람 향기에 취할 여지라도 남겨 두었더라면,
그랬더라면

예삐

결혼식도 올리기 전
애부터 밴 먼 친척뻘 되는 아이가
애지중지 기르던 예삐란 이름의 개를 친정에 맡겨 왔다
이름처럼 개가 예뻤다
개 팔자 상팔자 된 지 오래라고
이젠 누구도 개 같은, 이라고 욕하지 않는다지만
집안에서 기를 엄두조차 못 내는 나 같은 사람 눈엔
여전히 개가 개로만 보이는데
아파트 핑계 대며 기르지 않으려는 나를
아이들은 야속하다 한다

족보 있는 개라는 소리에
친정아버지는 큼직하게 개집을 만들고
군용담요까지 깔아 월동준비를 막 끝내 놓으셨다
집안에서 기르시라는 애견센터 아가씨 말에
내는 똥오줌 쌀까 겁나 집안에선 절대

기르지 못하겠다고 맞받아치셨다
몇 달 뒤 새끼 다섯 마리를 낳았다는 소릴 듣고
아이들과 실랑이를 했다
비정한 엄마란 낙인이 무뎌질 즈음
다시 새끼를 낳았고 또다시 실랑이

그러던 어느 날
잠시 들러 본 개는 예전의 그 개가 아니었다
듬성듬성 털이 빠지고 걸음걸이마저 둔해 문자
또 새끼를 뱄다고 했다
혈통 좋다고 쉴 새 없이 씨받이 노릇을 하느라
더 이상 예쁘지 않았다

산다는 것 1

전학 온 초등학교 삼학년 소풍날
삼양라면 봉지 속 김밥은 초라했다
산골에선 구경도 못 했던 도시락이
가을빛 받고 서 있는
나무들 사이에선 형편없어
골방을 찾아들어 우는 나를
어머니는 끝없이 달래주셨다

울면 달래주시고
서러워 울면 또 달래주시고
초라한 게 무엇인지
비교한다는 게 무엇인지 모르던 내가
그때부터 초라하기 싫었고
남과 비교하며 살게 되었다

산다는 것

이 세상으로 잠시 소풍 나온 것
소풍에서 돌아가
다시 골방으로 숨어들지 않으려
손아귀를 다잡아보는 날들

산다는 것 2

낮과 밤의 경계가 무뎌질 때마다
몇 번이고 다시 데운 밥상처럼
살다 지치면 문밖으로 나가
다시는 돌아오지 않던 신발처럼
올봄에도 복사꽃이 바람에 흩날린다

젊어 산다는 건
더덕꽃처럼 경계 두지 않아도 될 일에
반듯하게 선 긋는 일이었고
바람에 쉽게 마음 주는 벚꽃처럼은
살지 않으리라 다짐하는 것이었다
그러다 그런 내가 나도 감당되지 않는 날이 오면
라일락 나무가 묵은 땅에서 새 신발을 꺼내 신듯
등나무가 굽은 제 등을 빳빳하게 펴듯
일부러 내가 나를 느슨하게 했다

마흔 넘어 산다는 건
누구나 찾아가는 길을
하다못해 바람까지도 쉽게 가는 그 길을
나만 못 찾아갈까봐 시시때때로 두려웠다
가령 어디쯤 가고 있는지 짐작도 못 할 때
이미 그곳을 지나쳐가고 있었다
늘 그런 식이었다
그런데도 바람 휑한 그 골목에
밟힌 맨드라미처럼 납작 엎드려 기다렸다
무얼 기다리는지도 모르면서
지금껏 기다린 게 무엇인지도 모르면서
기다리다 지치면 집으로 돌아와 다시 찻물을 올렸다

예순 넘어 산다는 건
작은 빗방울 하나에도 흠씬 두들겨 맞거나
자동차 뒷좌석에 낡은 목각인형처럼 얌전히 앉아
이미 자랄 대로 자란 솜털에
가쁜 숨을 한 번 더 단단히 불어넣는 것이다
그렇게 애먼 데 정신을 파는
지극히 사소하고도 사소한 것이다

산다는 것 3

태양을 볼 수 없는 달이라 해도
스스로는 빛을 낼 수 없는 행성이라 해도
괜찮아 다 괜찮아 병약한 바람만 아니면 돼
내게 치명적인 건 병약한 바람이니까

가을 들판을 휘젓던 갈대가 느닷없이 흐느적거리는 것도
줄 맞춰 날던 새가 한순간에 나가떨어지는 것도
용병 같은 눈보라에 물관 타고 오르던 꽃
하루아침에 부동자세 취하는 것 모두
병약한 바람 때문이거든
건강한 바람은 그리 몰상식하게 굴지 않아

나의 봄은
언제나 볕을 쬐는 것에서부터 시작되었지
양지바른 곳에 가만히 앉아 있으면
이대로 생이 끝나도 좋겠단 생각

당신 없는 어둠 속을 달로 산대도 상관없다 했지만
스스로는 빛을 내지 못하는 지구에 살고 있다만
난 나를 알아 음지에선 결코 살 수 없다는 걸
그래서 봄만 되면 양지바른 곳에 나가 앉아
내 몸에 주입구란 주입구는 모두 열지
어리석음일랑 췌장 깊숙이 찔러넣고
더 빛날 수 있다고 더 빛나야 한다고
끊임없이 날 부추긴 게 봄이란 걸 알기까지
그리 오랜 시간이 걸리지 않았어
그러니까 어린 날에도 늘 소화불량에 시달렸지
겨울 끝에서 봄꽃이 피기까지 나의 체기는 계속되다
봄꽃이 피면 말짱했어

불온한 여름이 오면
감정도 덩달아 널을 뛰었지
날 선 그것에 베이지 않으려 내가 얼마나 많은 날을
숨죽이며 살았는지 당신은 모를 거야
우주 곳곳에 널어둔 실핏줄을
한꺼번에 걷어 들인 날엔 그나마 무사했지만
더러는 피 뚝뚝 흘리기도 했어
그렇게 무언가를 끊임없이 그리워하지 않으면

여름이 내게서 영영 물러나지 않을 거 같았거든

가을이라고 다를까
무형의 그리움을 그리워하는 건 피 말리는 노동이야
불면을 모르는 이가 불면이 주는 당혹감을 모르듯
무형에 시달려보지 않은 이는
절대로 그리움에 대해 논해선 안 돼

겨울이 오면
몇 배로 지루해진 그리움이 삭신을 짓누르지
그렇지만 곧 봄이 오리란 걸 알기에 견딜 수 있었어
내색하기도 싫고 형용하기도 힘든 무언가가
하루에도 몇 번씩 심장을 아프게 관통해 가다 보면
어느새 봄이 가랑이 밑까지 와 있어
그럼 난 또 양지바른 곳에 나가 앉아
내 몸의 주입구란 주입구는 모두 열지

산다는 건 그런 거
그러다 마는 것

실업의 나날

불혹의 사내가 설렁탕집 앞에 멈춰 서자
보도블록이 사내의 키만큼 꺼져버렸다
어디서 날아왔는지 낡은 신문지 한 장
잽싸게 사내를 덮어버린다
지옥에서 살아나온 듯한 새 한 마리
아슬아슬하게 그 신문지 위로 내려앉는다
피딱지에 엉겨 붙었는지
머리카락이 더는 날리지 않는다
편도선마저 부었을까 목소리도 나오지 않았다
그런데도 새 가랑이 사이로 올려다본 지상은
평온하기 그지없다
쥐가 난 손을 폈다 쥐었다 하는 가로수라든지
바람을 들었다 놓았다 하는 뭉게구름이라든지
하다못해 작은 돌멩이 하나도
제 자리가 있다는 걸
땅속에 박혀서야 비로소 깨닫는 사내

젊은 날 장독대에 이슬로 내리던 낮은 중얼거림이
지금껏 그를 버티게 해주었다고 굳게 믿는
김이 서린 유리창 너머란 너머는
다 설렁탕집이라고 우기는
세상 모든 실업의 사내들에게
그래도 박속처럼 잇몸 환하게 열어 웃어주는
이승에서의 마지막 내 편
늙으신 나의 어머니여

화석을 보고 온 저녁

등이 몹시 휜 물고기가
화석으로 안치되어 있는 걸 보고 온 날
저녁 밥상에서 꽁치 뼈를 발라내던 작은 아이가 소리쳤다
― 사람들은 다 냉혈동물이야 꽁치가 너무 불쌍해.
아이는 숟가락을 놓고 일어섰다

폐수 때문은 아닌 것 같고
수억 년 전 저보다 힘센 물고기에게 눌렸는지
먹이를 구하려다 바위에 깔렸는지 모를 물고기가
내장마저 심히 비틀린 채
박물관 구석에 모로 누워 눈요기하는 날 비웃었다
네가 여기 누웠어도 그런 웃음이 나왔겠냐고
부릅뜬 두 눈이 묻는 듯했다

낮에 본 화석이
꽁치 한 마리로 둔갑해

내 아이의 저녁밥을 빼앗아간 밤
물고기좌에서 빗방울 하나 떨어진다

아제르바이잔, 그 불의 땅처럼

이천 년 동안 한 번도 불길이 꺼지지 않았다는
아제르바이잔, 그 불의 땅처럼
내 몸에서도 불길이 뿜어져 나오려는지
발 디디는 곳마다 후끈거린다
독을 뿜던 생각들로 뜨거웠을
내 혀,
내 숨,
내 터럭들,
잿더미 뒤적여 죽은 불씨를 키우던 날은 가고

수 세기 전
빛 궁굴려 세월을 쪼던 사원의 기둥들
침수당한 자리에 솟대처럼 불끈 솟은 빌딩
그 안에서 낯선 이들끼리
종일 통성명도 없이 펜을 굴린다

각진 머리에서 나온 생각 각질 수밖에 없다

치질로 눌러앉은 시멘트 바닥
골절된 철골 더미 비틀릴 대로 비틀린 창틀에
양심수처럼 매달려 신의 가호만 부르짖는 사람들
카시오페아를 왕좌의 자리에서 밀쳐내지 못해
난동 부리던 별이
가뭇없이 사라져가는 이 짧은 순간에도
빌딩의 목뼈를 끌어안을 자격이
누구에게나 주어진 건 아니라고
추운 겨울 어둠 속에서 파먹던 찐 밤 속의 밤벌레처럼
자신을 온전히 버린 자만이
그 복됨을 누리리라고 믿는 이 또 누구인가

깨진 보도블록에
남은 발꿈치마저 물리고 싶지 않은 밤
소리치며 뒤따라오는
저 환락의 도시 한가운데로
아제르바이잔, 불의 땅은 또다시 끓어오른다

단물

잠자리 날갯짓하듯 그녀가 돌아눕는다
평생 돌아눕기만 했다는 듯
돌아눕는 일이야말로 태어나 젤로 자신 있다는 듯
조금의 주저도 망설임도 없다

한때 구름보다 더디리라 믿었다
그러나 이제 더는 어쩌지 못하겠다는 듯
처음으로 그녀가 끙, 소릴 내며 돌아눕는다
마른 꽃잎 이장移葬하듯
삶이 이리 가벼운 것인 줄 진작 알았어도
그녀가 저리 빨리 돌아누웠을까

모처럼 휴가 얻어 그녀 곁에 누운
쉰을 훌쩍 넘긴 내 몸에서
밤새 단물이 빠져나가는지
양어깨가 들썩인다

커피는 나올 생각을 않는다

며칠째 한파로
하늘과 땅이 쩍쩍 갈라졌다
가슴 언 새 한 마리
내 집 앞마당에 죽어있던 날 아침
습관처럼 코트를 걸치고 카페로 향했다
늘 앉던 자리에 앉자 물컵을 든 여자가 다가왔다
여자가 낯설었다 보름 동안 내부를 고쳤다고 했다
여자만 빼면 변한 게 없어 보이는데
도대체 어디를 어떻게 고쳤다는 것인지
대대적으로 손보았다는 여자의 말을 들으며
따뜻한 커피를 주문했다

난 한여름에도 냉커피는 마시지 않는다
눈뜨면 냉수부터 찾던 내가
언제부터 냉커피도 마시지 않게 된 걸까
냉수를 벌컥벌컥 들이키던 그때가 참 좋았는데

이제 온기 한 점 없이는 아무것도 아닌 게 되어버렸다
한때 심장에도 냉기가 돌아 손댈 수조차 없던 내가
이리 뜨겁게 뛰는데도 살아있다고 느끼지 못하다니

커피를 기다리는 동안
읽다만 책을 마저 읽으려는데
목울대 깊은 곳에서 성난 심장이 왈칵 쏟아졌다
아, 이런 건 평생 느끼지 못할 줄 알았다
이런 게 세상에 존재하는지도 몰랐다
커피는 나올 생각을 않고
나는 쉽게 다음 페이지로 넘어가지도 못한다

괜찮다

한낮은 괜히 서럽다

빛이 고와 그렇고 흐려서도 그렇다

그런 내게

세월 흐르면 괜찮아질 거다

어머니 그리 말씀하셨다

살아서 살아보니

정말로 괜찮아졌다

별 볼일 없이 살다

별 볼일 없이 스러져간 별처럼

살 수 없다며 살다

정말 살 수가 없어

이슬처럼 스러져갈

우리

너와 난 다르다

낙엽 지는 곳마다 네가 있다
파란 철재 대문은 작은 바람에도 한없이 흔들렸다
이 가을이 가기 전에
파란 철재 대문이 산산조각 나기 전에
그 앞에 앉아 전송하지 못할 문자를 쓰고
도려내지 못할 마음 헛되이 도려내다 발길 돌리면
길옆 맨드라미가 핏빛 울음을 터뜨리고
탱자나무 가시 위 무당벌레가 숨 고르기를 하고
온 생을 다해 기어가던 애벌레가 멈춰 설 것이다
그 힘에 파란 철재 대문이 스르륵 열릴까

그날 넌 아무런 미동도 없었다
바람도 네 곁에 없었고 꽃잎도 널 피해 달아났다
무엇 때문에 너는 낮을 밤처럼 보냈던 것일까
선명함이 극에 달할 때마다
소머리 문양을 얼굴에 새긴 내가

천만년이라도 살 것 같아서
아님 소중한 게 손가락 사이로 빠져나가는 것 같은
느낌 들게 하는* 사람 같아서

두려움에 떠는 널 향해
오늘이 죽은 듯 지나가길 바라는 게
네가 할 수 있는 일이냐고 소리쳐야만 했을까
너와 난 다른데
한 번도 같았던 적 없는데

* 실비아 플러스의 시 《얼굴 성형》 중에서

감자밭을 지나다

어머니 마지막으로 누워 계셨던
요양원 앞을 지나다 푸른 감자밭을 보았다
여섯 자식 씨알 굵은 감자로 키우기 위해
평생 눈물 흘리신 어머니 생각에
여름 한낮도 묵상 중인지 뜨겁지 않다

잎 나기 전
아무 생각 없이 지나쳤던 밭둑에 앉아
얼마나 속이 문드러지면
보랏빛 몸으로 태어날 수 있는 건지
얼마나 많은 인내의 시간을 견뎌냈으면
씨알 굵은 감자를 내놓을 수 있는 건지
묻고 또 묻다 보니 어느새 해질녘

어머니보다 몸피 넓지만
마음 자락은 바늘귀 하나 꽂을 데 없고

어머니보다 다들 키 크지만
양심의 키는 영 그에 미치지 못하는데
아까부터 뻐꾸기 울음소리 심란함에 더욱 불지른다

가두려 해도
좀체 가둬지지 않는 짐승 같은 그리움이
뻐꾸기 울음 되어 이 산 저 산 메아리 칠 때면
어머니 감자된 줄도 모르고
예순을 바라보는 막내딸
밭둑에 웅크리고 앉아 설익은 감자 캔다
그래야 오늘 저녁이 풍성하다고
그래야 어머니 자식의 자식들까지
씨알 더 굵어진다고

곡

길을 걷다
개울을 만나면 개울이 되었다
마른 풀도 허벅지를 드러낸 채
개울이 되어 서 있다
물살에 걸린 돌멩이를 뒤로
개울은 혼자서 언덕을 올라갔다
언덕 위에는 자잘한 돌멩이를 얹고
조용히 늙어가는 집 한 채가 있었다
감나무를 타고 지붕 위로 올라갔다
지붕이 젖는다
창호지가 젖는다
문짝이 뒤틀리더니
서까래마저 기우뚱거렸다
알을 품느라고
며칠째 곡기를 끊은 암탉의 곡哭소리
개울물이 삼켜버린다
종일 삼켜버린다

삼포에서

문암해수욕장에 앉아
찬밥에 물 말아 풋고추 찍어 먹으며
하루종일 갈매기 되어 놀았다
중복이 말복을 부르는 소리 들려왔다
해안선이 좁아지는 소리도 들려왔다
게들이 집으로 돌아가는 바쁜 발소리도 들려왔다
문암 지나 백도 지나 삼포로 가는 길에 날이 저물었다
발병 나 못 따라간 님도 데려가고
님 두고 못 간 길도 끌고 가고
가다가 마음 잃고 헤매는 바람까지 데리고
어두워 오는 해변을 걸어 삼포로 갔다

파도는 여기까지 왜 흘러왔냐며 조근조근 따져 묻고
모래는 잘 왔다며 등 두드려 주고
석양은 말없이 얼굴을 비춰 주었다
살다보면 때로 말이 필요없는 거라고

살다보면 때때로 내가 누구인지 생각 않고 사는 거라고
그렇게 살다보면 파랑새가 내게도 날아온다고
파랑새가 날아올 곳이 내가 살아갈 곳이라고
삼포의 석양은 말없이 일러 주었다

• 5부

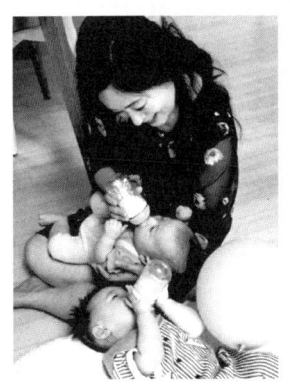

사랑하는 준! 우주!
너희가 내겐 천국이다.

이사

한곳에 머물길 죽기보다 싫어해
날마다 떠날 채비하는 내게 드디어 기회가 주어졌다
꽃피는 봄이었다
십오 년 만에 이사하면서 한 곳에서 견디느라 힘들었는데
드디어 떠날 수 있게 됐다고 콧노래를 흥얼거리는데
남편이 등 뒤에서 물었다
- 당신, 어딘가로 떠난다는 게 그렇게 좋아?
콧노래를 흥얼거리다 말고
- 그럼 내가 이날을 얼마나 기다려왔게요.
그때 옆에서 이삿짐 싸는 걸 말없이 도와주던
나라에 부름 받고 전투비행기 지키느라 고생하는 아들이
모처럼 이사 간다고 휴가받아 나와선
- 난 엄마의 그 맘 알 것도 같은데.
아무렇지 않다는 듯 내뱉는 한 마디에 눈물이 흘렀다
여린 내 맘을 알아줄 만큼
장성한 아들이 대견해서가 아니었다

철부지로만 알았던 아들이 세상 살아가는 이치를
조금씩 알아간다는 사실 때문이었다
내가 그 나이 때 보지 못한 걸 본 듯한
알지 못했던 걸 이미 알아버린 듯한
아들의 황량한 마음이 짚어져서였다
천천히 철들어도 좋으련만
견딘다는 걸 너무 일찍 알아버린
아들의 눈에 보였을 사막의 모진 바람이
내 눈에 모래알을 잔뜩 끼얹었기 때문이었다

변기에 물을 내리며

배가 아프다
매미도 배가 아파서 새벽잠을 설치는 걸까
첫아이를 유산했을 때
병원을 나서는 등 뒤에서
매미 울음소리 요란하게 들려왔다
사라진 아이를 대신해 우는 거라고
정을 끊으려는 거니까 뒤를 돌아보면 안 된다고
그 옛날 어머니는 말씀하셨다

지금 이 순간에도
누군가에게서 소중한 것을 빼앗아가려고
잠들어 있는 대지를 깨우는 것이리라
말복이 훨씬 지나고 나서 들려오는 매미 울음소리는
내어줄 것이 많은 사람에게만 들리는 것이라던
그리운 것이 많은 사람에게만 들리는 것이라던
그 옛날 어머니 말씀에

창자를 쓸어갈 듯한 복부의 통증을 내어주고
천천히 변기의 물을 내리며 일어섰다

꽃의 절정

얼마나 많은 날을
나, 꽃인 줄 알고 살았을까
누더기 몸을 빌려 입고
금방울 꽃으로 착각해 씨방 부드러워질 때까지
열심히 무두질 해가며

행여 줄기까지 넘볼까
욕심의 문 단단히 걸어 잠궜건만
푸른 줄기 되어 나풀거리는 꿈을 꾼 아침이면
나도 내가 무서워
이불 밖으론 한 발자국도 나가지 않았다
다시 밤이 와
그 꿈 고스란히 반납할 때까지

지금껏 맞지 않는 꽃의 몸을 입고 사느라
향기 제때 뿜어보지도 못한 채

잡스러운 것에 노출되어
나날이 생기 잃어갔다

뿜어내고 싶은 향 아직 이리도 많은데
꽃인 줄 모를 때가
꽃의 절정

목욕탕에서

내 등딱지를 열고 가만히 들여다보면
저편에 어머니가 서 계신다
젖무덤이라고 할 것도 없이
이미 홀쭉해진 가슴에서 비늘이 흘러내린다
내 등은 뱀이 허물 벗듯 때가 잘 밀리는데
평생을 불린 어머니의 등은 때가 밀리지 않는다
각질뿐인 어머니는 때마저도 쉽게 버리지 못하시는구나
탕 속으로 가라앉지도 못하고
수챗구멍으로 흘러들지도 못한 내 때가
타일 바닥에 허옇게 붙어있다
늘어져 다 가려지지도 않는 젖가슴을
두 손 깊숙이 가리고 이쪽을 마냥 곁눈질하시는
어머니, 무엇이 당신으로 하여금
마주 앉지 못하게 만드는지요?

천국

서른다섯 딸이 결혼했다
허니문 베이비가 생겼다
딸은 돌아서면 먹을 걸 찾았다
먹덧이란다 우리 땐 들어보지도 못했던 말
그렇게 맛집이란 맛집은 당기는 음식은 모두 먹어 치웠다
그러느라 딸은 삼십 킬로그램이 난 칠 킬로그램이 쪘다
부모님 소원이 살찌는 것 한번 보는 것이었는데
이젠 모두 돌아가시고 없다
다이어트가 뭔지도 몰랐던 내게
갱년기는 누구도 피해갈 수 없나보다
더러는 나잇살이 무섭다고도 했다
난 그저 웃었다
예전엔 손주 자랑하면 만 원 내라 했는데
이젠 만 원 줘서 보내버린단다
그 말에 입을 닫았다

아이가 돌을 맞았다
울음 끝이 길어 초보 엄마 아빠를 당황케 할 때도
유독 내 품 찾는 걸 보며
젊은 날 남자가 이리 좋았으면
자식이고 뭐고 팽개쳤을 거라고 해
주위를 놀라게 했다
몸이 아픈 줄도 모르자
늙어 고생한다고 하나같이 입을 모았다
여기서 더 늙을 수 있을까
어제는 가버렸고
내일은 영영 오지 않을텐데

얼떨결에 키워
모성애가 뭔지도 몰랐는데
그 자식이 낳은 아이는
한시도 눈을 떼기 아까웠다
잠들기 전부터 아침을 기다렸고
아침이 오기 무섭게 달려가 만나면
아이 예뻐라, 가 절로 나왔다
나도 멀쩡한 사람이었단 걸 증명해준
아가야, 너 있는 곳이 내겐 천국이다

멸치

발을 헛디뎌 미끄러졌다
솥 바닥에 닿기도 전 퇴화되었던 꼬리뼈에서
다시 꼬리가 돋아나기 시작했다
입 안까지 점거해버린 국수 가락은
어느새 혓바닥마저 감아올리고 있었다
이빨 사이에 끼어 잘 빠지지도 않던
삶을수록 끈적거리던 국수 가락과 달리
관계란 얼마나 쉬 자주 끊어지기도 하던지

불 꺼진 솥 안도 자주 기웃거렸다
빗방울 듣는 바깥보다 그 안이 언제나 더 따뜻했다
그때마다 빗살무늬에서 스며 나온 온기가
솥 바닥에 누운 나를 일으켜 세우곤 했지
소태나무로만 끓어오르던 무쇠솥 같던 날은 가고
안구건조증 앓는 멸치가 눈물 흘리는 밤
십 년 전에 먹은 국수 가락이 끓어올랐다

같이 먹던 어머니가 덩달아 끓어올랐다
더디게 끓어오른 마음은 어찌 그리도 쉬 식던지

안간힘 다해 작살을 던지나
작살은 언제나 되돌아와 내게 꽂힌다
제 살 풀어 누굴 살찌우는 일이 어디 그리 쉬운 줄 아니?
똥물까지도 서슴없이 우려내기란 더더욱 그렇지

밤새 내가 솥 안에서 졸아붙고 있었다

상주해수욕장

상주해수욕장 검은 모래 위
칼자루도 없이 칼이 꽂혀있다
어린 게 한 마리 모로 누워
뒤집을 세상 안 오나
갈아엎을 세상 안 오나
밤새 칼날을 쳐들고 파도를 자른다
눈 흘기며 쓰러지는 건
뒤집어지는 건
파도가 아니라 죄 없는 달빛이다

독설

무심코 돌멩이 하나 주워
주머니에 넣고 집으로 왔다
종일 자다 저녁이면 기어 나오는 뭇별처럼
주머니 속을 굴러다니던 그 돌멩이
정 맞은 기억 지우려
수시로 주머니 밖을 기웃거렸다

저녁밥을 짓다 말고
불에 덴 듯 놀라 부엌문을 밀치면
어느새 문지방까지 내려와 턱 괴고 앉은 별
그리운 이를 보듯 물끄러미 내려다본다
그때 하늘가에 가까스로 매달려 있던
돌멩이 하나가
내 정수리 위로 떨어졌다
언젠가 네게 퍼부었던 독설처럼

늦가을

기억이 어긋났을 때
사방에서 칼바람이 불어왔다
어느 바람에선가 설핏 깻묵 냄새가 났다
고소했던가, 내 청춘
달콤했던가, 그 추억

내게도 불구덩이 속으로
아무 잣대 들이대지 않고 무작정 뛰어들던 때 있었다
그곳엔 언제나 피가 펄펄 끓고 있었지
선혈 낭자한 그 피 다시 혈관에 넣던 날은
미처 물들지 못한 나뭇잎이 하나둘 지고 있었다
머리 위에서 빛나던 가로등 불빛 잊은 지 오래다
더 이상 수혈할 수 없다는 걸 알았을 때의
피가 가장 뜨거운 법
열정 속에 있는 건 좋지만
열정이 그대 속에 있는 건 좋지 않다*
가는 곳마다

탱자나무만 보이던 때가 있었다
비틀린 욕망 추려 가시로 만들어 내기까지
비바람에 생살 다 파먹힌 탱자나무가
하루에도 몇 번씩 내게 물었다
속살되어 보호받을래
가시로 찌를래
운명이란 어짜피 주어진 것
엄한데 힘 빼진 말자

한때 푸르던 것 기약없이 사라진다
햇살 앉았다간 자리에
바람이 잠시 눈 붙일 때
농익을 대로 농익은 것 절벽 아래로 뛰어내린다
사는 게 맘 같지 않을 때 생각처럼 되지 않을 때
붙어있고 싶어도 더 붙어있지 못하는 것들
생각 좀 해주라 하면
질기게 붙어있는 것 치고
추잡하지 않은 게 없다고 맞받아치는
참 몹쓸 우리 인연

* 윌리엄 블레이크 시 《순수의 전조》 중에서

말

말들이 필요 없던 그때가 그립다
요즘 나의 일과는
말도 안 되는 말을 하며 하루를 보낸다
말을 않고 있으면
숨이 막힐 것 같다는 그 사람 때문에
이 말 저 말 무턱대고 하다 보니
침묵의 필요성을 깨닫지 못한지 여러 날이 되었다

처음 그가 내게 왔을 땐
내 혀에 백태가 십 센티미터도 더 끼어 있었는데
이제 그보다 내가 더 말을 많이 하고
그는 조용히 내 말만 경청하게 되었다

해야 할 말도 안 하면서 평생 말을 아껴온 내가
말 같지 않으면 듣지도 하지도 말자던 내가
요즘 말 같지 않은 말을 하느라고

그렇지 않아도 쇠잔한 몸이 더욱 쇠잔해져 간다
내가 한 말이 말을 끌어안고
그 말이 말을 등에 태우고 부추기다 보면
어느새 짧은 겨울해도 지고 만다

처음 그가 내게 왔을 땐
말주머니만 불거져 나온 텅 빈 가슴뿐이었는데
그 가슴으로 세상을 다 끌어안겠다고 큰소리치던 사람인데
이제 그는 죽음보다 깊은 침묵을 하고
그 곁에서 나는 되지도 않는 말을 중얼거린다

어느 날은 내가 쏟아놓은 말에 걸려
코피가 터지고 무릎이 깨졌다
깨진 무릎에서 흘러나오는 고름을 보며
생은 고행苦行의 바다가 아니라 고름의 바다일 거라고 생각했다
상처뿐인 이생에서 흘러내리는 고름 너무 찐득해
차마 입 다물 수 없다고
침묵으론 어떤 것도 온전히 끌어안을 수 없어
종일토록 그 입 열어두고 있다고
그러나 정작 입 밖으로 흘러나오는 그 말 때문에
누구도 쉽게 사랑하지는 못 할 거라고

찻물을 끓이며

선잠 깬 오후
빈집에 홀로 앉아 찻물을 올린다
서너 번 타닥거리다
홀연히 일어서는 불꽃에
얼마 전 귀한 차茶 한 봉지가 생겼다며
수줍게 건네주던 너를
함께 넣고 끓인다
주전자 가득 끓어오르는
찻물을 보며
맵고 짠 이생에서의 그리움일랑
수증기 되어 날아가라고
옭매듭 풀리듯 훨훨 풀어지라고
말로 표현되지 않는 것들이
살아가면서 간혹, 만나진다던
부딪히게 된다던 네 말
단물이 나도록

씹고 또 씹다 보면
천 년 전쯤
누군가 묻어둔 침향처럼
내게서도 은은한 향내 나겠지

분당선

낙타 등에 솟은 물줄기를 따라 가고 있었어요
깊은 수로 속은 마치 동굴 같았지요
먼지를 뒤집어쓴 두개골이 날 향해 미소 짓자
내 몸의 중심이 자꾸만 물밑으로 옮겨 갔지요
나를 끌고 갈 발목은 어디에도 없다는 듯
해초들의 노랫소리 들려왔어요
어둠이 게걸음 치듯 지나가자
허리까지 물속에 잠겼던 사막에서
검은 모래가 조금씩 빠져나가기 시작했어요
그때 낙타가 망막에 낀 눈곱을 닦으며 돌아다보았어요

아득한 기억 저편에서
뻐꾸기 울음소리 요란하게 들려왔지요
낙타는 이미 사라진 지 오래였고
누구도 더는 사막으로 가는 길을 묻지 않았죠
묻지도 않은 길이 하루 종일 목구멍을 오르내리는

분당선 안으로 날 구겨 넣으며 중얼거린다
이제 또 어디로 가지

동백마을에서

동백마을엔 동백꽃이 없다
메꽃만 수수하다
행여 동백꽃 볼까 봄부터 서성거려도
철길 속으로 들어간 꽃은 나올 줄 모른다
밤새 달려 온 기차가 동백역에 멈춰 서면
기차에게 역을 내주고
꽃 아닌 동백으로 서 있는 마을에
해묵은 짐 풀며
피지 않을 꽃을 기다린다
오지 않을 너를 기다린다
목숨 바쳐 기다리는 건 오지 않는다는 걸
몰랐던 그때도 어렵게 안 지금도
사는 게 매가리 없기는 마찬가진데
추운 줄 알면서도
무작정 겨울 속으로 뛰어드는 동백꽃처럼
권태로운 줄 알면서

기어이 세상 속으로 걸어 들어가는 나
더 늦기 전에 동백마을에
꽃 보러 왔다
아니 너 보러 왔다

그해 여름

꽃들이 입 닫은 길을 걷는다
꽃들이 웃음 짓던 길은 이제 없다
걸어도 걸어도 계절은 바뀌지 않을 것이다
살아도 살아도 나이는 먹지 않을 것이다
상처의 고열로 터져버린 여름이
고드름으로 웃자랄 때까지
그 여름을 명치 끝에 매달고 걸을 것이다

늦은 낮잠을 청하려는데
낮달이 처마 밑에 얼굴을 박고 있다
찡그린 낮달 따라 맨발로 걷는다
뼈마디가 시리다
삐거덕 소리도 난다
뼈가 우는 소리
이생이 쓸쓸히 가고 있다

| 시인의 말 |

지난겨울엔
눈이 많이 내렸다
겨울이 지루하지 않을 수
있다는 걸 처음 알았다

새벽 네 시면 용케 잠에서 깼다
어둠이 채 가시지 않은 그 시간이
생의 민낯 같아 좋았다

시를 쓸 때면 습관처럼
믹스커피를 마셨다
달달함이 혀끝에 닿아야만
비로소 시로 잠입했던 날들

잦은 바람에도 쉬 놀라고
피고 지는 꽃에도
슬픔을 자주 느끼지만

사는 건 봉숭아꽃물 들이듯
친친 동여매서 될 일만은 아니기에
오늘도 길을 나선다

그리움은 평생의 화두였다
무형無形의 그리움은 피 말리는 노동이라
흡사 형벌 같았다
언젠간 이 그리움도 삭겠지.

☆

살아있는 모든 걸 끌어안고 울고 싶던 날이 있었다

세상 모든 죄를 덮어쓴 듯 광분하던 날이 있었다

불의를 배척하는 것만으로도 승자인 듯 우쭐대던 날이 있었다

욕망이라 써놓고 열정으로 읽던 날이 있었다

육십갑자를 지나도 모르는 걸
여물지 못한 나이에 안다고 착각했던 날이 있었다

쉼을 외면하면서까지 삶에 집중하고 싶었다

결국 그 모든 게 무無란 걸 알기까지 참 먼 길을 돌아왔다

그래도 순간순간 찾아오던 권태의 마른 살갗을 벗겨내는데
시보다 좋은 건 없었다.

- 2025년 가을에
정 임 옥